La Perfección Cristiana

Una clara explicación de la perfección cristiana como lo creyó y enseñó el reverendo Juan Wesley del año 1725 al año 1777

Casa Nazarena de Publicaciones

Kansas City, Missouri, E.U.A.

Publicado por
Casa Nazarena de Publicaciones
Kansas City, Missouri 64131
Reimpresión, 2008

Originalmente publicado en inglés con el título:
  A Plain Account of Christian Perfection
  Por John Wesley

Esta edición se publica de acuerdo con
Nazarene Publishing House.
Todos los derechos reservados
Copyright © 1998

ISBN 978-1-56344-273-5

Diseño de cubierta: Isaac R. Abundis

DIGITAL PRINTING

Una Clara Explicación de la Perfección Cristiana

Como la Creyó y Enseñó

el reverendo Juan Wesley

del año 1725 al año 1777

Lo QUE ME PROPONGO con esta obra es exponer clara y nítidamente los distintos pasos por los cuales fui guiado durante el curso de varios años a abrazar la "doctrina de la perfección cristiana". Esta narración la dedico a un buen número de personas serias que son parte del conglomerado humano, que anhelan saber toda la verdad, tal como es en Jesús (Efesios 4:21); pues son éstos los únicos que sienten un profundo interés por esta doctrina. A los tales declararé el asunto tal como es, procurando siempre probar lo que creo y por qué lo he creído durante estos años.

¶ 1. En el año 1725, cuando tenía veintitrés años de edad, llegó a mis manos el libro del obispo Taylor: *Reglas y ejercicios para vivir y morir santamente*. Algunas partes de dicho libro me afectaron en gran manera, especialmente al leer aquella parte que trata de la pureza de intención. Instantáneamente resolví dedicar a Dios toda mi vida, todos mis pensamientos, palabras y acciones, y me convencí que no había término medio, que no una parte de mi vida, sino toda ella, debería ser un sacrificio o a Dios, o bien a mí mismo, lo cual sería como darla al diablo.

¿Puede alguna persona seria dudar de esto, o encontrar la manera de servir a Dios y servir al diablo?

¶ 2. En el año 1726, leí *Modelo cristiano* de Kempis. La naturaleza y extensión de la religión interior, la religión del corazón, presentóseme con más claridad que nunca antes. Comprendí que aun dando toda mi *vida* a Dios (suponiendo fuese posible hacerlo, y no seguir más allá) no me serviría de ningún provecho a menos que le diera a El todo mi *corazón*.

Descubrí que la "sencillez de intención, y la pureza de afectos", (es decir, un solo propósito en todo cuanto hablamos o decimos, y un solo deseo gobernando nuestro carácter), son realmente "las alas del alma", sin las cuales no puede ella ascender al monte de Dios.

¶ 3. Un año o dos después me fueron entregados *Perfección cristiana*, y *Llamamiento serio* por el reverendo Law.

Estos me convencieron aún más de la absoluta imposibilidad de ser cristiano a medias; y siendo así persuadido, por la gracia de Dios hice la determinación de dedicarme todo a El: darle mi alma, mi cuerpo, y mis posesiones.

¿Dirá un hombre sensato, que esto es exigir demasiado, o que se debe dar algo menos que nuestro ser, y todo lo que tenemos y somos a Aquel que se dio a Sí mismo por nosotros?

¶ 4. En el año 1729 empecé no sólo a leer, sino a estudiar la Biblia como la única norma de verdad, y el único modelo de religión pura. Como consecuencia de esto, vi más claramente la necesidad indispensable de tener "la mente de Cristo" (1 Corintios 2:16) y de "andar como él anduvo" (1 Juan 2:6), de tener, no sólo una parte, sino toda la mente que estaba en El, y andar como El anduvo, no en algunas, ni aun en la mayoría de las cosas, sino en todas las cosas. Y esta fue la luz a través de la cual consideré entonces la religión como un seguimiento continuo de Cristo, una completa conformidad interior y exterior a nuestro Maestro. Nada me fue más terrible que tratar de ajustar esta regla a mis propios intereses, o a los de otros, o permitirme el menor desvío del gran Modelo.

Sermón sobre "La Circuncisión del Corazón" ante la Universidad de Oxford

". . . la circuncisión es la del corazón, en espíritu,
no en letra."
Romanos 2:29

§ **5.** El primero de enero de 1733, prediqué delante de la universidad en la Iglesia de Santa María sobre "La Circuncisión del Corazón", doctrina que expliqué como sigue: "Es esa disposición habitual del alma que en las Sagradas Escrituras es llamada *santidad;* la cual significa en primer lugar ser limpio del pecado, 'de toda contaminación de carne y espíritu' (2 Corintios 7:1); y, en consecuencia, significa ser investidos de aquellas virtudes que tuvo también Jesucristo; ser así renovados 'en el espíritu de vuestra mente' (Efesios 4:23), hasta ser 'perfectos, como vuestro Padre que está en los cielos es perfecto' " (Mateo 5:48).

—*Sermones de Juan Wesley,* tomo I, p. 267.

En el mismo sermón hice notar que el amor es "el cumplimiento de la ley" (Romanos 13:10), es "el propósito de este mandamiento" (1 Timoteo 1:5). "No es solamente 'el primero y grande mandamiento', sino todos los mandamientos resumidos en uno. 'Todo lo justo, todo lo puro, todo lo amable', u honorable; 'si hay virtud alguna, si algo digno de alabanza', todo está comprendido en la palabra *amor*. En él se encuentra perfección, gloria y felicidad. La ley regia de cielos y tierra es ésta: 'Amarás al Señor tu Dios con todo tu corazón, y con toda tu alma, y con todas tus fuerzas, y con toda tu mente' (Lucas 10:27). El, quien es el perfecto bien, será vuestro último fin. Una sola cosa desearéis por su valor intrínseco, y es el disfrutar de Aquel que es todo en todo. Una felicidad procuraréis para vuestras almas, la unión con el Hacedor de ellas, el tener comunión verdadera con el Padre y el Hijo, (1 Juan 1:3) el estar unidos al Señor en un espíritu. Debéis perseguir un propósito hasta el fin del tiempo, y éste es el de gozar de Dios por toda la eternidad. Desead otras cosas hasta donde conduzcan a este fin; amad a la criatura mientras eso os conduzca al Creador. Pero a cada paso que déis, sea éste el blanco glorioso de vuestra visión. Que todo afecto, pensamiento, palabra y acción se sujete a esto. Cuanto deseéis o temáis, cuanto busquéis o rechacéis, cuanto penséis, habléis o hagáis, sea para vuestra felicidad en Dios, el solo fin, como también origen de vuestro ser."

Concluí con estas palabras: "He aquí el cumplimiento de la perfecta ley: la verdadera circuncisión del corazón que regrese el espíritu al Dios que lo dio, con todo el cúmulo de sus afectos. Otros sacrificios no le son gratos; pero el sacrificio vivo del corazón le es grato. Que éste, pues, sea ofrecido continuamente a Dios por medio de Cristo en llamas de santo amor, y que ninguna criatura lo comparta con El; pues El es un Dios celoso. Su trono no compartirá con otro; El reinará sin rival. Que no se admita en el corazón ningún deseo o propósito, cuyo fin u objeto no sea El. Así caminaron aquellos hijos de Dios, quienes estando muertos, aún nos hablan: 'Desead la vida sólo para alabar su nombre; que todos vuestros pensamientos, palabras y obras tiendan a su gloria. Permitid que vuestras almas estén llenas de un amor tal hacia El que no améis nada a menos que sea para gloria de El.' Tened una pura intención de corazón, y un constante respeto a su nombre en todas vuestras acciones. Porque entonces, y no antes, estará en nosotros ese 'sentir que hubo también en Cristo Jesús' (Filipenses 2:5): (1) cuando en cada impulso de nuestros corazones, en cada palabra que pronuncien nuestras lenguas, en cada obra de nuestras manos, busquemos sólo aquello que se relaciona con El, y esté subordinado a su voluntad; (2) cuando nosotros ni pensemos, ni hablemos, ni actuemos para hacer nuestra propia voluntad, sino la voluntad de Aquel que nos ha enviado; (3) cuando sea que comamos o hagamos otra cosa lo hagamos todo para la gloria de Dios."

Debe tenerse en cuenta que de todos mis trabajos publicados, este sermón fue mi primera producción. Este era el concepto de la religión que entonces tenía. Sin escrúpulos la llamaba entonces *la perfección*. Es el mismo concepto que tengo de ella ahora sin ningún aumento ni disminución material. ¿Y qué hay en tal concepto a lo que pueda oponerse cualquier hombre entendido que cree en la Biblia? ¿Qué puede él negar sin negar la palabra de Dios?

¶ **6.** Este mismo concepto lo conservamos mi hermano y yo (en compañía de todos aquellos jóvenes llamados en sentido burlón *metodistas*), hasta que nos embarcamos para la América a fines del año 1735. Fue el año siguiente, estando en Savannah, cuando escribí las siguientes líneas:

¿Hay debajo del astro rey,
Algo que lucha
Para contigo, mi corazón compartir?
¡Arráncalo, y reina Tú,
Como único dueño y Señor de él!

A principio del año 1738, al regresar de allí, el clamor de mi corazón fue:

¡Concede que mi alma
Sea sólo de tu puro amor morada!
¡Que ese amor de mi ser entero se apodere,
Y sea mi gozo, mi tesoro y corona!

¡Fuegos extraños, lejos de mi corazón aparte;
Para que cada acto, palabra y pensamiento,
Sea tu amor la fuerza que lo impulse!

Nunca oí que nadie objetara a esto. ¿Quién puede realmente oponerse? ¿No es éste el lenguaje, no sólo de cada creyente, sino de cada uno que está realmente despierto? ¿Qué he escrito hasta hoy que sea más expresivo o más claro?

¶ **7.** En agosto del mismo año sostuve una larga conversación con Arvid Gradin en Alemania. Después de narrarme su experiencia le solicité que me diera por escrito, una definición de la "plena certidumbre de fe" (Hebreos 10: 22), lo cual hizo por medio de las palabras que siguen:

Requies in sanguine Christi: firma fiducia in Deum, et persuasio de gratia Divina; tranquillitas mentis summa atque serenitas et pax; cum absentia omnis desiderii carnalis, et cessatione peccatorum etiam internorum.

Reposo en la sangre de Cristo: una firme confianza en Dios, y persuasión de su favor; la más alta tranquilidad, serenidad y paz mental con una liberación de todo deseo carnal, y una cesación de todo pecado aun de los interiores.

Esta fue la primera explicación que yo oí de un ser viviente, conforme a lo que yo mismo había aprendido antes en los oráculos de Dios, y por lo cual había orado y esperado por varios años junto con la pequeña compañía de mis amigos.

¶ **8.** En el año 1739, mi hermano y yo publicamos un volumen del *Himnos y poemas*. En varios de éstos declaramos firme y explícitamente nuestros conceptos.

El Carácter de un Metodista
(Mi primer tratado)

¶ **9.** El primer tratado que escribí expresamente sobre este tema, fue publicado a fines de ese año. A fin de que nadie tuviera prejuicios antes de leerlo, le di el título indiferente de "El Carácter de un Metodista". En este tratado describí al cristiano perfecto, escribiendo en la primera página, "No que yo lo haya obtenido". Incluyo partes de ese tratado sin ninguna alteración:

Un metodista es uno que ama a su Dios con todo su corazón, con toda su alma, con toda su mente, y con toda su fuerza. Dios es el gozo de su corazón, y el deseo de su alma, la cual continuamente clama: " '¿A quién tengo yo en los cielos sino a ti? Y fuera de ti nada deseo en la tierra.' ¡Mi Dios y mi todo! 'La roca de mi corazón y mi porción es Dios para siempre' " (Salmos 73:25, 26). Es por lo

tanto feliz en Dios, feliz, como teniendo en sí una fuente
de agua viva inundando su alma de paz y gozo. Habiendo
el perfecto amor echado fuera el temor, se regocija para
siempre. Su gozo es completo, y sus huesos claman:
" 'Bendito el Dios y Padre de nuestro Señor Jesucristo, que
según su grande misericordia nos hizo renacer para una
esperanza viva, . . . para una herencia incorruptible, in-
contaminada e inmarcesible, reservada en los cielos para
vosotros' (1 Pedro 1:3, 4), y es para mí."

Y cualquiera que tiene esta esperanza llena de inmortalidad, en todo da gracias, sabiendo que aquella (sea lo
que fuere) es la voluntad de Dios en Cristo Jesús tocante
a él. De El, pues, recibe alegremente todas las cosas, diciendo: "Buena es la voluntad del Señor"; y sea que el
Señor le dé o le quite, bendice su santo nombre. Esté en
comodidad, o en ansiedad, en salud o en enfermedad, en
vida o en muerte, da gracias de lo más profundo de su
corazón a Aquel que lo ordena para bien, en cuyas manos
ha encomendado completamente su alma y cuerpo, "como a fiel Criador". Por lo tanto, por nada está afanoso,
pues ha puesto toda su confianza y echado toda su solici-
tud en Aquel que tiene cuidado de él, y ha hecho notorias
sus peticiones delante de Dios con hacimiento de gracias.

El, verdaderamente, ora sin cesar; el lenguaje de su
corazón es en todo tiempo éste: "A ti es mi boca, aunque
sin voz; y mi silencio te habla." Su corazón está elevado
a Dios en todo tiempo, y en todo lugar. En esto nunca es
estorbado, ni menos interrumpido por persona o cosa alguna. En el retiro, o en compañía, en ocio, en negocios o
conversaciones, su corazón está siempre con el Señor. Ya
esté acostado o levantado, Dios está en todos sus pensamientos; camina con Dios continuamente, teniendo el ojo

amante de su alma fijo en El, y por todas partes viendo a Aquel "que es invisible".

Y amando a Dios, ama a su prójimo como a sí mismo: ama a todos los hombres como a su propia alma. Ama a sus enemigos y a los enemigos de Dios. Y si no está en su poder hacer bien a los que le aborrecen, sin embargo no cesa de orar por ellos, aunque rechacen su amor, y aun más, aunque lo desprecien y persigan.

Lo hace, puesto que es "de limpio corazón". El amor ha purificado su corazón de la envidia, malicia, ira, y toda mala índole. Le ha limpiado de orgullo el cual sólo trae contención, y tiene ahora "entrañable misericordia, de benignidad, de humildad, de mansedumbre, de paciencia" (Colosenses 3:12). Nadie puede quitarle este tesoro, puesto que no ama "al mundo, ni las cosas que están en el mundo" (1 Juan 2:15), sino todo su deseo es en Dios.

De acuerdo con esto, su único deseo, el solo objeto de su vida es hacer, no su propia voluntad, sino la voluntad de Aquel que lo envió. Su sola intención en todo tiempo y en todo lugar es, no agradarse a sí mismo, sino agradar a quien su alma ama. Es de ojo sencillo; y porque su ojo es sencillo, todo su cuerpo está lleno de luz. Todo es luz como cuando el resplandor de una vela ilumina la casa. Dios reina solo; todo cuanto hay en el alma es "santidad al Señor". No hay en su corazón un motivo que no esté de acuerdo con la voluntad divina. Todo pensamiento que surge señala hacia El, y está en consonancia con la ley de Cristo.

"Cada árbol se conoce por su fruto", y así se conoce al cristiano perfecto. El se agrada en guardar no solamente una parte o la mayoría de la ley, sino toda la ley sin ofender en un punto. Con respecto a todos los mandamientos, él tiene "una conciencia sin ofensa para con Dios y los hombres" (Hechos 24:16 V. M.). El evita todo cuanto Dios ha prohibido, y hace todo lo que El ordena. Sigue la senda de sus mandamientos, ya que Dios ha libertado así su corazón. El hacerlo así es su gloria y alegría; su corona diaria de regocijo es hacer la voluntad de Dios, "como en el cielo, así también en la tierra".

El guarda todos los mandamientos de Dios, y esto con todas sus fuerzas, pues su obediencia es en proporción a su amor. Y por consiguiente, amando a Dios de todo su corazón, le sirve con toda su fuerza, continuamente presentando su alma y cuerpo "en sacrificio vivo, santo, agradable a Dios" (Romanos 12:1), completamente y sin reserva dedicándose con todo cuanto tiene y es, a su gloria. Todos los talentos que posee, los emplea constantemente según la voluntad de su Maestro, incluso cada facultad de su alma, y cada miembro de su cuerpo.

Por consiguiente, todo lo hace para la gloria de Dios. En sus ocupaciones de toda clase, no solamente persigue este fin (el cual se sobreentiende es tener ojo sencillo), sino que lo logra; su negocio, sus diversiones, como también sus oraciones, todo sirve a este gran fin. Ya esté sentado en la casa, ya caminando por la calle, sea que se acueste o que se levante, desarrolla con todos sus dichos y hechos este único fin de su vida. Sea que se vista, trabaje, coma o descanse de excesiva labor, todo tiende al adelanto de la gloria de Dios, mediante la paz y buena voluntad entre los hombres. Su regla invariable es esta: "Y todo lo que hacéis, sea de palabra o de hecho, hacedlo todo en el nombre del Señor Jesús, dando gracias a Dios Padre por medio de él" (Colosenses 3:17).

Ni las preocupaciones del mundo, le impiden correr "la carrera que ha sido puesta delante" (Hebreos 12:1

V. M.). Por lo tanto el acumular "tesoros en la tierra" le
es tan dañino como llevar fuego en el pecho.

También como no puede mentir ni a Dios ni al hombre, no puede hablar mal de su prójimo. No puede pronunciar palabras hirientes contra nadie, porque el amor
guarda las puertas de sus labios. No puede hablar palabras
ociosas; ni inmorales, ni corrompidas salen de su boca. La
conversación ociosa es toda aquella que no edifica ni sirve
para administrar gracia a sus oidores. Pero, "todo lo puro,
todo lo amable, todo lo que es de buen nombre" (Filipenses 4:8), justamente en esto piensa, y, en consonancia
con esto habla y obra "para que en todo adornen la doctrina de Dios nuestro Salvador" (Tito 2:10).

Estas son las mismas palabras con que declaré, por
primera vez, mis conceptos de la perfección cristiana. ¿Y
no se ve bien claro, (1) que éste es el mismo punto al cual
yo me encaminaba desde el año 1725, y con más determinación desde el año 1730, cuando empecé a ser *homo
unius libri,* "un hombre de un libro", no considerando ningún otro comparable con la Biblia? ¿No es igualmente claro, (2) que esta es la misma doctrina que creo y enseño
hasta hoy, sin añadir otro punto al concepto de la santidad
interior y exterior que he sostenido durante treinta y ocho
años? Y es la misma, que por la gracia de Dios, he seguido
enseñando desde entonces hasta ahora, según puede verlo
toda persona imparcial por medio de las citas que siguen.

Hasta hoy no he sabido de ningún escritor que haya
hecho objeción a ese tratado; y por algún tiempo no encontré mucha oposición con respecto al título, es decir,
presentada por personas serias. Pero más tarde surgió la
oposición, y lo que me sorprendió fue el hecho de que ésta
provenía de los hombres religiosos, los que afirmaban,

no que yo hubiera establecido mal la perfección, sino que "no hay perfección en la tierra", atacándonos con vehemencia a mi hermano y a mí por afirmar lo contrario. No esperábamos un ataque tan borrascoso de parte de éstos, especialmente al estar de acuerdo sobre la justificación por la fe, y atribuir toda la salvación a la libre gracia de Dios. Pero lo que más nos sorprendió fue el hecho de que se nos acusara de "deshonrar a Cristo" por la afirmación de que El puede salvar hasta lo sumo (Hebreos 7:25), y afirmar que El reinará sin rival en nuestros corazones, y someterá todo a su voluntad.

La Perfección Cristiana
Sermón publicado

¶ **10.** Si no recuerdo mal, fue a fines del año 1740, que sostuve en Whitehall una conversación con el doctor Gibson, quien era entonces obispo de Londres. Me preguntó qué quería decir con el término *la perfección*. Le contesté sin ambages y sin reservas. Al terminar mi exposición, él dijo: "Señor Wesley, si eso es todo lo que usted quiere decir, publíquelo al mundo. Y si alguno puede refutar lo que usted dice, tiene licencia para ello." Contesté: "Lo haré, señor mío." Por lo tanto, escribí y publiqué el sermón "La Perfección Cristiana", en el cual traté de probar: (a) en qué sentido los cristianos no son perfectos, y (b) en qué sentido lo son.

(a) *¿En qué sentido no lo son?* No son perfectos en sabiduría. No están libres de equivocaciones. Así como no podemos esperar omnisciencia en un hombre, tampoco podemos esperar infalibilidad. No están libres de flaquezas, tales como debilidad o torpeza de entendimiento o una imaginación anormal ya sea tardía o ligera. Otras flaquezas serían: impropiedad del lenguaje, la pronunciación poco elegante, a las cuales podríamos añadir otros mil defectos innominados de la conversación o conducta. Nadie está perfectamente libre de flaquezas como estas, hasta que su espíritu vuelva de nuevo a Dios. Tampoco podemos esperar hasta entonces estar libres de tentación, porque "el siervo no es mayor que su señor". En este sentido no hay perfección absoluta en la tierra. No existe perfección en este mundo que no admita un continuo crecimiento.

(b) *¿En qué sentido, pues, son perfectos?* Observad, no hablamos de niños en Cristo, sino de cristianos maduros. Pero aun los niños en Cristo (1) *tienen tal perfección de no cometer pecado.* Esto lo afirma San Juan expresamente (1 Juan 3:9), y no puede ser negado por los ejemplos del Antiguo Testamento. Alguno dirá que los más santos de los antiguos judíos cometieron pecado; pero no debe inferirse de ello que todos los cristianos cometen o tienen que cometer pecado mientras vivan.

"Pero", uno pregunta, "¿no dicen las Escrituras que un hombre justo peca siete veces al día?"

No dice eso. Dice esto: "Porque siete veces cae el justo" (Proverbios 24:16). Pero esto cambia la idea por completo, porque en primer lugar, las palabras "al día" no se encuentran en el texto. En segundo lugar, no hay mención de caer en pecado. Lo que se menciona es caer en aflicción temporal. Pero en otro lugar Salomón dice: "Ciertamente no hay hombre justo en la tierra, que haga el bien y nunca peque" (Eclesiastés 7:20). Indudablemente era así en los días de Salomón; y de Salomón hasta Cristo no hubo hombre que no pecara. Pero sea cual fuera el caso de aquellos bajo la ley, podemos afirmar con San Juan, que desde que se ha dado el evangelio "todo aquel que es nacido de Dios, no practica el pecado" (1 Juan 3:9).

Los privilegios de los cristianos no pueden medirse en manera alguna por lo que el Antiguo Testamento registra en cuanto a los que estaban bajo la dispensación judía; siendo que la plenitud del tiempo ya ha venido, que el Espíritu Santo ya ha sido dado, la gran salvación de Dios se les ha brindado a los humanos por la revelación de Jesucristo. El reino de los cielos está establecido en la tierra, acerca de lo cual el Espíritu de Dios declaró en tiempo pasado (¡tan lejos así está David de ser la norma o ejemplo de la perfección cristiana!): "El que entre ellos fuere débil, en aquel tiempo será como David; y la casa de David como Dios, como el ángel de Jehová delante de ellos" (Zacarías 12:8).

"Pero los mismos apóstoles cometieron pecados; Pedro con sus disimulos, y Pablo con su discusión acre con Bernabé." Aun concediendo que así fuera, ¿quiere usted razonar de esta manera: "Si dos de los apóstoles cometieron un pecado, todos los cristianos de todas las épocas cometen y deben cometer pecado en tanto que vivan?" No; muy lejos esté de nosotros el hablar de esa manera. Realmente no era necesario que ellos hubieran pecado; sin duda alguna, la gracia de Dios era suficiente para ellos. Y es suficiente para nosotros hoy.

"Pero Santiago dice: 'Porque todos ofendemos muchas veces' " (Santiago 3:2).

Sí, lo dice; pero, ¿quiénes son las personas de quien habla? Pues, aquellos "muchos maestros" a quienes Dios no envió; pero no se refiere al Apóstol mismo, ni a ningún verdadero cristiano. Una prueba que el uso de *nosotros* (una figura de dicción común en todas las escrituras, tanto seculares como sagradas) no puede referirse al Apóstol ni a ningún otro verdadero creyente, aparece primero en el versículo nueve donde dice: "Con ella bendecimos al Dios y Padre, y con ella maldecimos a los hombres" (Santiago 3:9). ¡Seguramente que no quiere decir *nosotros* los apóstoles, ni *nosotros* los creyentes! Segundo, se deduce esto por las palabras que preceden al texto: "Hermanos míos, no os hagáis maestros muchos de vosotros, sabiendo que recibiremos mayor condenación. Porque todos ofendemos muchas veces." ¡Nosotros! ¿Quiénes? Ni los apóstoles, ni los verdaderos creyentes, mas aquellos que "recibiremos mayor condenación" por aquellas muchas ofensas. Tercero, el versículo mismo prueba que "todos ofendemos" no puede aplicarse a todos los hombres, ni a todos los cristianos, porque en él se hace mención inmediatamente de un hombre que "no ofende". Este se distingue de "todos" en la primera parte del versículo, y es llamado "varón perfecto".

"Pero", otro dirá, "San Juan mismo dice: 'Si decimos que no tenemos pecado, nos engañamos a nosotros mismos' (1 Juan 1:8). Y dice también: 'Si decimos que no hemos pecado, le hacemos a él mentiroso, y su palabra no está en nosotros' " (1 Juan 1:10).

Yo contesto: 1. El versículo diez aclara el sentido del versículo ocho. Es decir, "Si decimos que no *hemos pecado*" (versículo 10) es el sentido en que debe tomarse el versículo ocho, "Si decimos que no *tenemos pecado*". 2. El punto bajo consideración no es si hemos o no pecado anteriormente; además ninguno de estos versículos afirma que pecamos, o cometemos pecado ahora. 3. El versículo nueve explica tanto el ocho como el diez: "Si confesamos nuestros pecados, él es fiel y justo para perdonar nuestros pecados, y limpiarnos de toda maldad." Es como si él hubiera dicho: "Ya he afirmado que 'la sangre de Jesucristo su Hijo nos limpia de todo pecado' (versículo 7). Y ningún hombre puede decir, 'No la necesito; no tengo ningún pecado del cual debo ser limpio'. 'Si decimos que no tenemos pecado (es decir, que no hemos cometido pecado), nos engañamos a nosotros mismos, y la verdad no está en nosotros.' Pero, 'si confesamos nuestros pecados, él es fiel y justo' no sólo 'para perdonar nuestros pecados', sino también para limpiarnos de toda maldad, para que vayamos y no pequemos más." En conformidad, pues, con la doctrina de San Juan y el tenor del Nuevo Testamento, asentamos esta conclusión: todo cristiano tiene esta perfección en el sentido de que no peca.

Este es el glorioso privilegio de cada cristiano, aún siendo un niño en Cristo. Pero sólo de cristianos desarrrollados se puede afirmar que (2) *son perfectos en el sentido de ser libres de malos deseos y del mal genio.* Primero, de deseos malos, o pecaminosos. ¿Dónde realmente nacen éstos? "Del corazón de los hombres, salen los malos pensamientos" (Marcos 7:21). Pero si el corazón ya no es malo, entonces de él no pueden proceder malos deseos; porque "no puede el buen árbol dar malos frutos" (Mateo 7:18).

Y así como están libres de malos deseos, lo están también del mal genio. Cada uno de estos cristianos puede decir con San Pablo: "Con Cristo estoy juntamente crucificado, y ya no vivo yo, mas vive Cristo en mí" (Gálatas 2:20), palabras que manifiestamente describen libertad del pecado interior y exterior. Esta libertad está expresada en forma negativa, "no vivo yo" (es decir, mi naturaleza mala no vive; el cuerpo de pecado ha sido destruido), y positivamente "vive Cristo en mí" y como es natural, junto con El, todo lo santo, justo y bueno. Estas dos frases, "Cristo vive en mí" y "no vivo yo", están conectadas de manera inseparable. Porque, ¿qué comunión tiene la luz con las tinieblas, o Cristo con Belial?

Por lo tanto, Aquel que vive en estos cristianos ha purificado sus corazones por la fe, por cuanto cualquiera que tiene a Cristo, "la esperanza de gloria" (Colosenses 1:27), "se purifica a sí mismo, así como él es puro" (1 Juan 3:3). Está purificado de orgullo; porque Cristo es humilde de corazón. Está libre de su mal deseo y voluntad obstinada; porque Cristo hacía sólo la voluntad de su Padre. Y está libre de ira, en el sentido lato de la palabra; porque Cristo es manso y tierno. Digo en el sentido lato de la palabra, porque El odia el pecado, y tiene compasión por el pecador. Siente disgusto por cada ofensa contra Dios, pero sólo tierna compasión para los delincuentes.

Así salva Jesús "a su pueblo de sus pecados" (Mateo 1:21), no sólo de los pecados exteriores, sino también de los pecados de sus corazones. "Es verdad", dicen algunos, "pero eso no ocurre mientras vivimos, sino en el momento de expirar". No obstante, San Juan dice: "En esto se ha perfeccionado el amor en nosotros, para que tengamos confianza en el día del juicio; pues como él es, así somos nosotros en este mundo" (1 Juan 4:17).

El Apóstol en esta exposición afirma sin lugar a dudas, que tanto él mismo como todos los cristianos, no sólo después de la muerte, sino también en este mundo, son como su Maestro.

En estricta conformidad con esto San Juan nos dice en el primer capítulo: "Dios es luz, y no hay ningunas tinieblas en él" (1 Juan 1:5). "Pero si andamos en la luz, como él está en luz, tenemos comunión unos con otros, y la sangre de Jesucristo su Hijo nos limpia de todo pecado" (1 Juan 1:7). En otro versículo dice: "Si confesamos nuestros pecados, él es fiel y justo para perdonar nuestros pecados, y limpiarnos de toda maldad" (versículo 9). Ahora, es evidente que el Apóstol habla aquí de una liberación llevada a cabo en este mundo. Porque él no dice: La sangre de Cristo limpiará en la hora de la muerte, o en el día del juicio, sino que dice, nos limpia actualmente, en el presente, como cristianos vivos, "de toda maldad". Es igualmente evidente que si queda algún pecado, entonces no estamos limpios de toda maldad. Si queda injusticia en el alma, entonces no está limpia de toda injusticia. Nadie puede afirmar que esto se refiere sólo a la justificación, o a la limpieza de la culpa del pecado: primero, porque así se confunde lo que el Apóstol distingue claramente, pues menciona primero: "para perdonar nuestros pecados", y entonces dice: "y limpiarnos de toda maldad"; segundo, porque eso es enseñar en el sentido más enfático, la justificación por las obras; es decir, que toda santidad interior o exterior sea necesariamente previa a la justificación. Porque si la limpieza de la que aquí se habla no es otra que la de la *culpa* del pecado, entonces no estamos limpios de culpa, es decir, no somos justificados, a menos que andemos en luz "como él está en luz".

Queda dicho entonces que los cristianos son salvos en este mundo de todo pecado, y de toda maldad, y están en tal sentido perfectos que no cometen pecado, y están libres de malos deseos y de mal genio.

Un discurso de esta clase que contradice directamente la opinión favorita de muchos quienes eran estimados por otros, y posiblemente se consideraban como los mejores cristianos, no podía dejar de ser motivo de gran ofensa para ellos, porque siendo todas estas cosas la verdad, resultaba que ellos no eran los cristianos que pretendían ser. Por lo tanto, yo esperaba muchas protestas y animosidad, pero recibí la agradable sorpresa de que no fue así. No hubo ninguna protesta. Así que seguí tranquilamente mi camino.

Prólogos de Himnarios Publicados

¶ **11.** No mucho tiempo después, creo que en la primavera de 1741, publicamos un segundo tomo de himnos. Como la doctrina era todavía mal entendida, y por consiguiente mal representada, juzgué necesario explicar más aún sobre ella; lo cual hice en el prólogo en la forma que sigue:

Este gran don de Dios, la salvación de los hombres, no es otra cosa que su imagen estampada en el corazón. Es una renovación del espíritu de sus mentes a la semejanza de Aquel que los creó. Dios ahora ha puesto el hacha a la raíz del árbol del corazón, purificándolo por la fe, y limpiando todos sus pensamientos por la inspiración de su Santo Espíritu. Con la esperanza de que verán a Dios tal como El es, se purifican "así como él es puro" (1 Juan 3:3), y son santos en todas sus actividades como Aquel que los ha llamado, es santo. No que hayan alcanzado todo lo que alcanzarán, o que en este sentido son perfectos. Pero, diariamente van de gracia en gracia, mirando ahora, "como en un espejo la gloria del Señor", y son transformados de gloria en gloria en la misma semejanza, como por el Espíritu del Señor" (2 Corintios 3:18).

"Y donde está el Espíritu del Señor, allí hay libertad" (2 Corintios 3:17), libertad "de la ley del pecado y de la muerte" (Romanos 8:2) que los hijos de este mundo no creen, a pesar de ver este hecho cumplido en el testimonio de los fieles. A estos seres renovados el Hijo liberta de esa profunda raíz de pecado, amargura y orgullo. Sienten que toda su suficiencia es de Dios, que sólo El está en todos sus pensamientos, el cual obra en ellos "así el querer como el obrar de su buena voluntad" (Filipenses 2:13, V.M.). Sienten que no son ellos quienes hablan, sino el Espíritu de su Padre que habla en ellos, y todo cuanto es hecho por sus manos, es la obra del Padre que está en ellos. De manera que Dios es para ellos su todo en todo, y ellos se sienten como "siervos inútiles". Están libres de obstinación, deseando solamente la santa y perfecta voluntad de Dios, clamando continuamente desde lo íntimo de sus almas: "Padre, sea hecha tu voluntad." En todo tiempo hay tranquilidad en sus almas, y sus corazones están firmes e inmovibles. Su paz, corriendo como un río, "sobrepasa todo entendimiento", y ellos se regocijan "con gozo inefable y glorioso".

No quiero decir que todo aquel que no haya sido de tal manera renovado en amor sea un hijo del diablo. Al contrario, quienquiera que tiene segura confianza en Dios de que por los méritos de Cristo sus pecados le son perdonados, es un hijo de Dios; y si permanece en El, es heredero de todas las promesas. No debe de ningún modo perder su confianza o negar la fe que ha recibido porque sea débil, o porque ésta sea probada con fuego, aun cuando su alma esté abatida por múltiples tentaciones.

La Conversión no Obra la Salvación Completa

Tampoco nos atrevemos a afirmar, como han hecho

algunos, que toda esta salvación es dada de una vez. Hay realmente una obra instantánea de Dios en sus hijos, como también gradual, y sabemos que existe una nube de testigos quienes han recibido en un momento dado o un conocimiento claro de sus pecados perdonados, o el testimonio del Espíritu Santo. Pero no tenemos conocimiento de un solo caso, en ninguna parte, de una persona que haya recibido, en el mismo momento, remisión de pecados, testimonio del Espíritu, y un corazón limpio y nuevo.

No podemos realmente decir cómo obra Dios, pero la manera general en que lo hace es ésta: aquellos que una vez confiaron en sí mismos creyéndose que eran justos, y que tenían abundancia de bienes sin necesidad de ninguna cosa, ahora, redargüidos por la palabra de Dios, aplicada por el Espíritu Santo, se dan cuenta de que en verdad son pobres y desnudos. Todas las cosas que han hecho son traídas a su memoria y presentadas delante de ellos mismos, de manera que ven la ira de Dios sobre ellos y reconocen que merecen ser condenados al infierno. En su angustia claman al Señor, y El les enseña que les ha perdonado sus pecados, y establece el reino de los cielos en sus corazones, que se traduce en "justicia, paz y gozo en el Espíritu Santo" (Romanos 14:17). El dolor y la pena han desaparecido, y el pecado no les domina ya más. Sabiendo que han sido justificados gratuitamente por la fe en su sangre, tienen "paz para con Dios por medio de nuestro Señor Jesucristo" (Romanos 5:1), se regocijan "en la esperanza de la gloria de Dios" (Romanos 5:2), y "el amor de Dios ha sido derramado" en sus corazones (Romanos 5:5).

Lo que Viene después de la Conversión

En este estado de paz permanecen por algunos días,

semanas, o aun meses, y generalmente suponen, que no tendrán más guerra, hasta que algunos de sus viejos adversarios, sus pecados internos, o los pecados que más fácilmente les vencían (tal vez la ira o los malos deseos) les asaltan duramente para vencerles de nuevo. Entonces nace el temor de que no podrán perseverar hasta el fin, y a menudo piensan que tal vez Dios los haya olvidado, o que se han engañado al pensar que sus pecados habían sido perdonados. Bajo estas dudas, especialmente si razonan con el diablo, andan amargados todo el tiempo. Pero raras veces se prolonga este estado antes de que su Señor responda por Sí mismo, enviándoles el Espíritu Santo para consolarles y asegurarles continuamente en su espíritu de que son hijos de Dios (Romanos 8:16). Entonces se tornan mansos y apacibles y dóciles como los niños pequeños.

La Depravación en el Corazón del Convertido

Es ahora cuando por primera vez se dan cuenta del negro estado de sus corazones, el cual a Dios no le plugo revelárselos antes, a fin de que no desmayaran. Ahora ven toda la abominación que se oculta en ellos mismos, la profundidad del orgullo, de su terquedad y del infierno mismo. Sin embargo, en medio de esta dura prueba, la cual aumenta cada vez más el convencimiento de su propia impotencia, y su anhelo inexplicable de una plena renovación en la imagen de Dios (la cual es en justicia y en santidad de verdad), con todo, tienen en sí mismos este testimonio: "Eres heredero de Dios y coheredero con Cristo." Entonces Dios tiene memoria del deseo de aquellos que le temen y les da un ojo sencillo y un corazón puro; imprime sobre ellos su propia imagen e inscripción; los crea de nuevo en Cristo Jesús; viene a ellos con su Hijo y su bendito Espíritu; y haciendo de sus almas su morada, los hace entrar en el reposo que queda "para el pueblo de Dios" (Hebreos 4:9).

No puedo menos que hacer notar aquí, que, nuestra doctrina presente, sea buena o mala, es la misma que enseñe desde el principio. No hemos añadido nada a ella ni en prosa ni en verso, que no esté aquí ya contenido. No necesito dar pruebas adicionales de esto por medio de una multiplicación de citas del libro. Tal vez baste con citar parte de un solo himno, de la última parte del libro:

EL DESCANSO DE LA FE

Señor, yo creo que un descanso queda
Para todo tu pueblo conocido.
Un descanso do reina puro goce,
Y Tú eres el ser amado.

Un descanso do los deseos de nuestras almas
Están fijos en las cosas de arriba,
Do expiran la duda y el dolor,
Vencidos por el perfecto amor.

De todo motivo vil
Nos ha librado el Hijo,
Y los poderes del infierno pisamos
En gloriosa libertad.

Seguros en el camino de la vida,
Sobre la muerte, el mundo y el infierno nos
*   elevamos;*
Y perfeccionados en amor
Encontramos nuestro muy buscado paraíso.

¡Oh que yo el descanso ahora llegue a conocer,

A creer y en él entrar!
Señor, ahora el poder concede
Para que yo deje de pecar.

De mi corazón quita esta dureza,
Esta incredulidad aleja:
Del descanso de la fe hazme participar
Y de tu amor gozar.

¡Ven presto, oh Señor,
Y a mi alma desciende!
No te alejes de tu criatura,
Mi autor y fin.

Que no se retarde más
La dicha que para mí has preparado:
Llegue hasta mí el premio excelente
Para el cual en primer lugar fui hecho.

¡Ven Padre, Hijo y Espíritu,
Y ponme el sello de tu morada!
Que todo lo que soy en ti se pierda:
¡Que todo sea perdido en Dios!

—Carlos Wesley, 1740

¿Puede haber algo más claro? (1) Aquí hablamos de la salvación plena y sublime de Dios expresada como mejor hemos podido. (2) Hablamos de ella como recibida por mera fe, e impedida sólo por la incredulidad. (3) Que esta fe, y por consiguiente la salvación que trae, es presentada como algo que puede recibirse en un instante. (4) Afirmamos que ese instante puede ser ahora, que no necesitamos esperar un momento más: "He aquí ahora el tiempo aceptable; he aquí ahora el día" de esta plena salvación (2 Corintios 6:2). Y por último, si alguien habla de otro modo, el tal está presentando una doctrina herética entre nosotros.

¶ **12.** Como un año más tarde, en 1742, publicamos otro tomo de himnos. Habiendo la controversia llegado ya al colmo, hablamos más extensamente sobre este tema que nunca antes. En efecto un buen número de los himnos de este libro tratan expresamente sobre este asunto, como también el prólogo; el cual, como es corto, no está de más incluirlo aquí:

Tal vez el prejuicio general contra la doctrina de la perfección cristiana puede haber nacido de una errónea interpretación de la naturaleza de ella. Gustosamente admitimos, y continuamente declaramos, que no hay en esta vida tal perfección que nos exima de hacer el bien y atender a todas las ordenanzas de Dios por una parte, o que libre de la ignorancia, la equivocación, la tentación o de mil flaquezas más relacionadas con sangre y carne.

En primer lugar, admitimos y sinceramente sostenemos que en esta vida no hay tal perfección que nos exima de la obediencia a los mandamientos de Dios, o de hacer el bien a nuestros semejantes mientras vivamos "y mayormente para con los que son de la familia de la fe" (Gálatas 6:10, V. M.). Creemos que es indispensable, tanto a los recién nacidos en Cristo, como también a los ya maduros en el camino que, cuantas veces puedan, participen de la Santa Cena, escudriñen las Sagradas Escrituras, y por medio de ayunos y templanza mantengan sus cuerpos bajo sujeción, y sobre todo, que derramen sus almas en oración, tanto secreta como públicamente.

En segundo lugar, creemos que no hay tal perfección en esta vida que comprenda una completa inmunidad en cuanto a la ignorancia o a los errores en cosas no esenciales a la salvación, o a las múltiples tentaciones, o numerosas flaquezas con las cuales el cuerpo corruptible más o menos afecta el alma. No encontramos en las Escrituras ninguna base que nos haga suponer que el hombre nacido de mujer pueda estar enteramente exento de enfermedades físicas o de ignorancia de muchas cosas, o sea incapaz de equivocarse, o de caer en diversas tentaciones.

Surge esta pregunta: "Pero, ¿a quién se refieren entonces cuando hablan de uno que es *perfecto?*" Nos referimos a uno que tiene "la mente del Señor" (1 Corintios 2:16) y que anda como Cristo anduvo (1 Juan 2:6), un hombre de "manos limpias y corazón puro" (Salmos 24:4, V. M.). En otras palabras, un hombre perfecto es limpio de "toda contaminación de carne y de espíritu" (2 Corintios 7:1), uno en quien no hay ocasión de tropiezo, y que por consiguiente, no comete pecado. Para aclarar esto un poco más, entendemos por esa expresión bíblica "hombre perfecto", uno en quien esta promesa de Dios se ha cumplido: "De todas vuestras impurezas, y de todos vuestros ídolos os limpiaré . . . os salvaré de todas vuestras inmundicias" (Ezequiel 36:25, 29, V. M.). Entendemos por esto, uno a quien Dios ha santificado en todo, "espíritu, alma y cuerpo" (1 Tesalonicenses 5:23), uno que anda en la luz "como él está en luz", en quien no hay sombra de tinieblas, porque la sangre de Jesucristo le ha limpiado de todo pecado (1 Juan 1:7).

Tal hombre puede ahora testificarle al mundo así: "Con Cristo estoy juntamente crucificado, y ya no vivo yo, mas vive Cristo en mí" (Gálatas 2:20). Entonces El es santo como Dios quien le ha llamado es santo, tanto de corazón como "en toda vuesta manera de vivir" (1 Pedro

1:15). Ama al Señor su Dios de todo su corazón y le sirve con todas sus fuerzas. Ama a su prójimo como a sí mismo, así como Cristo nos ama; particularmente a aquellos que le desprecian y persiguen, porque no conocen al Hijo, ni al Padre. Su alma es verdaderamente todo amor, llena de "entrañable misericordia, de benignidad, de humildad, de mansedumbre, de paciencia" (Colosenses 3:12). Su vida, por lo tanto, está llena de fe, paciencia, esperanza y de obras de amor. Y todo cuanto hace, sea en palabra o en hecho, lo hace todo en el nombre y en el amor y poder del Señor Jesús. En resumen él hace la voluntad de Dios, "como en el cielo, así también en la tierra".

He aquí lo que quiere decir ser un hombre perfecto, es decir, un hombre santificado cabalmente: es tener un corazón ardiendo en el amor de Dios, o como dice el arzobispo Archer, "un corazón que continuamente ofrece cada pensamiento, palabra y obra como un sacrificio espiritual, agradable a Dios en Cristo. En cada pensamiento de nuestros corazones, en cada palabra de nuestras lenguas, en toda obra de nuestras manos, expresamos alabanza a Aquel que nos llamó de las tinieblas a su luz maravillosa". ¡Que todos nosotros, como todos aquellos que buscan al Señor sinceramente, seamos hechos perfectos en uno!

Esta es la doctrina que predicamos desde el principio, y que predicamos hasta hoy. Es verdad que examinándola bajo todo punto de vista, y comparándola una y otra vez con la Palabra de Dios por un lado, y la experiencia de sus hijos por otro, tuvimos una visión más clara de la naturaleza y de las propiedades de la perfección cristiana. Pero a pesar de esto, ninguna contradicción hay entre nuestros primeros conceptos y los últimos. Nuestro primer concepto de la perfección cristiana fue este: Tener la mente de

Cristo y andar como El anduvo, tener toda la mente que hubo en Cristo y andar, no por un tiempo sino siempre, como El anduvo. Quiere decir, en otras palabras, estar interior y exteriormente consagrados a Dios; una consagración de corazón y vida. Tenemos el mismo concepto ahora sin añadirle ni quitarle. Muchos son los himnos que expresan nuestros conceptos a ese respecto.

Conferencias sobre la Perfección Cristiana

¶ 13. El lunes 25 de junio de 1744, dimos principio a nuestra primera conferencia, estando presentes seis clérigos y todos nuestros predicadores. A la mañana siguiente consideramos seriamente la doctrina de la santificación o perfección. Las preguntas hechas concernientes a ese estado, y la esencia de las respuestas dadas fueron como sigue:

Pregunta — ¿Qué quiere decir ser santificado?

Respuesta — Ser renovado a la imagen de Dios "en la justicia y santidad de la verdad" (Efesios 4:24).

Pregunta — ¿Qué se entiende por ser un cristiano perfecto?

Respuesta — El amar a Dios con todo nuestro corazón, mente y alma (Deuteronomio 6:5).

Pregunta — ¿Quiere esto decir, que es quitado todo pecado interior?

Respuesta — Indudablemente: ¿De qué otro modo pudiéramos ser salvos de todas nuestras inmundicias? (Ezequiel 36:29).

¶ 14. Nuestra segunda conferencia se dictó el primero de agosto de 1745. En la mañana del día siguiente hablamos de la santificación en los términos que siguen:

Pregunta — ¿Cuándo principia la santificación interior?

Respuesta — Desde el momento que un hombre es justificado. (Sin embargo, el germen de todo pecado permanece en él hasta que sea santificado cabalmente.) Desde ese momento un creyente muere gradualmente al pecado, y crece en gracia.

Pregunta — Por lo general, ¿no es santificado el hombre únicamente momentos antes de morir?

Respuesta — Si esto ocurre así, es por su falta de fe para recibirla antes.

Pregunta — Pero, ¿podemos tener fe para recibirla antes?

Respuesta — Claro que sí. Pues aunque admitimos (1) que la generalidad de los creyentes quienes hasta hoy hemos conocido no fueron santificados de tal modo hasta momentos antes de su muerte, (2) que pocos de aquellos a quienes San Pablo escribió sus epístolas lo estaban cuando él les escribió, y (3) que ni el mismo San Pablo cuando escribió sus primeras epístolas lo estaba, sin embargo, todo esto no es una prueba que refute el que podamos ser cabalmente santificados ahora.

Pregunta — ¿Cómo debemos predicar la santificación?

Respuesta — Debemos presentarla de una manera persuasiva y atractiva sin apelar a la fuerza, a los que marchan adelante; y a los indiferentes, presentársela con cuidado.

¶ **15.** Nuestra tercera conferencia tuvo lugar el 26 de mayo de 1746. En ésta leímos cuidadosamente las actas de las dos anteriores, para averiguar si había que cambiar o modificar algo de su contenido después de más madura consideración. Pero no encontramos nada que nos diera motivo para cambiar lo que anteriormente habíamos acordado.

¶ **16.** El martes 16 de junio de 1747, nos reunimos para nuestra cuarta conferencia. Como varias personas estaban presentes quienes no creían en la doctrina de la perfección cristiana, acordamos examinarla desde su fundamento. Para tal efecto, se hicieron las siguientes preguntas:

Pregunta — ¿En qué puntos están de acuerdo con nosotros esos hermanos nuestros que difieren de nosotros con respecto a la entera santificación?

Respuesta — Ellos admiten: Primero, que cada uno debe ser cabalmente santificado en la hora de la muerte; segundo, que hasta entonces el creyente diariamente puede crecer en la gracia, acercándose más y más a la perfección cristiana; tercero, que debemos perseguir continuamente este fin y exhortar a todos los otros a hacer lo mismo.

Pregunta — ¿Qué les concedemos nosotros?

Respuesta — Concedemos: 1. Que muchos de los que han muerto en la fe, la mayor parte de ellos, conocidos nuestros, no fueron perfeccionados en amor sino hasta poco antes de su muerte. 2. Que el término *santificado* es comúnmente aplicado por San Pablo a todos los justificados. 3. Que por este término *santificado* el Apóstol rara vez, si acaso alguna vez, quiere decir la salvación de *todo pecado*. 4. Por consiguiente no es propio usarlo en tal sentido sin añadirle la palabra *entera*, o *cabalmente* santificado, etc. 5. Que los escritores inspirados casi siempre hablan de los justificados, o a ellos, ¡pero raras veces a los enteramente santificados o de ellos![1] 6. Que por consiguiente nos conviene hablar casi continuamente del estado de justificación, pero más raramente[2] (al menos en términos explícitos) con respecto a la completa santificación.

Pregunta — ¿Cuál es, pues, el punto donde nos dividimos?

Respuesta — Es éste: ¿Debemos esperar ser salvos de todo pecado antes del momento de expirar?

La Prueba Bíblica de la Doctrina

Pregunta — ¿Hay alguna promesa bíblica que diga claramente que Dios nos salvará de todo pecado?

Respuesta — La hay. "Y él redimirá a Israel de todos sus pecados" (Salmos 130:8). Esta promesa está expresada con más amplitud en la profecía de Ezequiel: "Esparciré sobre vosotros agua limpia, y seréis limpiados de todas vuestras inmundicias; y de todos vuestros ídolos os limpiaré. . . . Y os guardaré de todas vuestras inmundicias . . ." (Ezequiel 36:25, 29). No puede haber promesa más clara. A ella se refiere el Apóstol en aquella exhortación: "Teniendo pues tales promesas, limpiémonos de toda inmundicia de la carne y del espíritu, perfeccionando la santidad en el temor de Dios" (2 Corintios 7:1, V. M.). Igualmente clara y expresiva es aquella antigua promesa: "Y circuncidará Jehová tu Dios tu corazón, y el corazón

---

[1]Es decir, a ellos solos, excluyendo a otros; pero le hablaban a ellos juntamente con otros, casi continuamente.

[2]Más raramente, admito; sin embargo en algunos lugares muy frecuente, fuerte y explícitamente.

de tu descendencia, para que ames a Jehová tu Dios con todo tu corazón y con toda tu alma, a fin de que vivas" (Deuteronomio 30:6).

Pregunta — Pero, ¿ocurre en el Nuevo Testamento alguna afirmación parecida?

Respuesta — Sí, ocurre, y escrita en términos muy claros. Juan dice, sin limitaciones ni restricciones, en 1 Juan 3:8: "Para esto apareció el Hijo de Dios, para deshacer las obras del diablo", y sabemos que todo pecado es obra del diablo.

Semejante a ésta es la declaración de San Pablo: ". . . Cristo amó a la iglesia, y se entregó a sí mismo por ella . . . a fin de presentársela a sí mismo, una iglesia gloriosa, que no tuviese mancha ni arruga ni cosa semejante; sino que fuese santa y sin mancha" (Efesios 5:25, 27).

Además su declaración en Romanos 8:3, 4 trata el mismo punto: Dios envió a su Hijo "para que la justicia de la ley se cumpliese en nosotros, que no andamos conforme a la carne, sino conforme al Espíritu".

Pregunta — ¿Hay en el Nuevo Testamento otras pruebas fuera de éstas para que esperemos esta salvación de todo pecado?

Respuesta — Indudablemente que sí; tanto en las oraciones que encontramos en el Nuevo Testamento, como en los mandatos, los cuales son equivalentes a las más fuertes afirmaciones.

Pregunta — ¿A cuáles oraciones hace referencia?

Respuesta — A las oraciones por la entera santificación, que, de no existir ésta, serían una burla de parte de Dios. Tales son, para ser explícito: 1. "Líbranos del mal" (Mateo 6:13). Bien, cuando esto haya sido hecho y seamos librados de todo mal, no podemos tener pecado. 2. "Mas no ruego solamente por éstos, sino también por los que han de creer en mí por la palabra de ellos, para que todos sean uno; como tú, oh Padre, en mí, y yo en ti . . . para que sean perfectos en unidad" (Juan 17:20, 21, 23). 3. "Por esta causa doblo mis rodillas ante el Padre de nuestro Señor Jesucristo . . . para que os dé, conforme a las riquezas de su gloria, el ser fortalecidos con poder en el hombre interior por su Espíritu; para que habite Cristo por la fe en vuestros corazones, a fin de que, arraigados y cimentados en amor, seáis plenamente capaces de comprender con todos los santos cuál sea la anchura, la longitud, la profundidad y la altura, y de conocer el amor de Cristo, que excede a todo conocimiento, para que seáis llenos de toda la plenitud de Dios" (Efesios 3:14-19). 4. "Y el mismo Dios de paz os santifique por completo; y todo vuestro ser, espíritu, alma y cuerpo, sea guardado irreprensible para la venida de nuestro Señor Jesucristo" (1 Tesalonicenses 5:23).

Pregunta — ¿Qué mandamientos hay al mismo fin?

Respuesta — 1. "Sed, pues, vosotros perfectos, como vuestro Padre que está en los cielos es perfecto" (Mateo 5:48). 2. "Amarás al Señor tu Dios con todo tu corazón, y con toda tu alma, y con toda tu mente" (Mateo 22:37). Si el amor de Dios llena todo el corazón, no puede haber en él pecado.

Pregunta — Pero, ¿cómo se prueba que esto ha de ser hecho antes del momento de morir?

Respuesta — 1. Por la misma naturaleza del mandamiento, el cual es dado no a los muertos sino a los vivos. Por tanto, "amarás al Señor tu Dios de todo tu corazón" no puede significar que harás esto cuando mueras, sino mientras vivas.

2. De varios textos de las Escrituras: (a) "Porque la gracia de Dios se ha manifestado para salvación a todos los hombres, enseñándonos que, renunciando a la impiedad y a los deseos mundanos, vivamos en este siglo sobria, justa y piadosamente, aguardando la esperanza bienaventurada y la manifestación gloriosa de nuestro gran Dios y Salvador Jesucristo, quien se dio a sí mismo por nosotros para redimirnos de toda iniquidad y purificar para sí un pueblo propio, celoso de buenas obras" (Tito 2:11-14). (b) "Y nos levantó un poderoso Salvador en la casa de David su siervo . . . del juramento que hizo a Abraham nuestro padre, que nos había de conceder que, librados de nuestros enemigos, sin temor le serviríamos en santidad y en justicia delante de él, todos nuestros días" (Lucas 1:69, 73-75).

Pregunta — ¿Hay en las Escrituras algún ejemplo de personas que hayan alcanzado ese estado?

Respuesta — Sí; San Juan, y todos aquellos de quienes él dice: "En esto se ha perfeccionado el amor en nosotros, para que tengamos confianza en el día del juicio; pues como él es, así somos nosotros en este mundo" (1 Juan 4:17).

Pregunta — ¿Puede mostrar un ejemplo ahora? ¿Dónde está el que es así perfecto?

Respuesta — Con razón se podría contestar a algunos de los que hacen esta pregunta: Si conociera a tal persona aquí, no se lo diría, porque no pregunta impelido por amor. Usted es como Herodes: busca "al niño para matarlo".

Pero más directamente contestamos: Har varias razones para que hayan pocos ejemplos, si acaso alguno, que sean indisputables. ¡Cuántos inconvenientes traería esto sobre la persona misma, puesta como el blanco para todos los dardos!

¡Y cuán poco provechoso sería a los contradictores! Porque "si no oyen a Moisés y a los profetas", a Cristo y sus apóstoles, "tampoco se persuadirán aunque alguno se levantare de los muertos" (Lucas 16:31).

Pregunta — ¿No es posible que sintamos aversión hacia alguno de aquellos que dicen que son salvos de todo pecado?

Respuesta — Es muy posible, y esto por varias razones; en parte, por nuestra ansiedad por el bien de las almas, que pueden ser perjudicadas si no viven conforme profesan; también por una cierta envidia implícita contra los que dicen tener bendiciones más ricas que las nuestras; y en parte por nuestra natural morosidad y poca disposición de nuestros corazones para creer las obras de Dios.

Pregunta — ¿Por qué no podemos continuar en el gozo de la fe hasta ser perfeccionados en amor?

Respuesta — ¡No hay razón alguna! Pues el dolor piadoso no apaga este gozo. Aún estando bajo la cruz, participando hondamente de los sufrimientos de Cristo, podemos regocijarnos con gozo indecible.

Por estas citas bíblicas y las razones expuestas se ve claramente, no sólo la opinión de mi hermano y la mía, sino también el juicio de todos los predicadores en relación con nosotros durante los años 1744, '45, '46, y '47. No recuerdo haber oído en ninguna de aquellas conferencias ni una voz contenciosa; al contrario, cualquier duda que pudiera haber al reunirnos, desaparecía antes de separarnos.

¶ **17.** En el año 1749 mi hermano publicó dos tomos de *Himnos y poemas sagrados*. Como no vi éstos antes de ser publicados, algunos no tuvieron mi aprobación. Pero acepté la mayoría de los himnos sobre este tema.

¶ **18.** En el año 1752 se publicó una segunda edición de estos himnos sin otros cambios que la corrección de algunos errores literarios.

He sido más extenso en estas citas porque ellas demuestran, sin posibilidad de excepción, que hasta hoy, tanto mi hermano como yo, hemos mantenido: 1. Que la perfección cristiana es el amor a Dios y a nuestro prójimo, y denota libertad de todo pecado. 2. Que es recibida meramente por la fe. 3. Que es dada instantáneamente. 4. Que a cada instante debemos esperarla, que no debemos esperar hasta el momento de morir para obtenerla, que ahora, ya, es el tiempo propicio, el día de salvación.

Pensamientos sobre la Perfección Cristiana
Publicado en 1759

¶ **19.** En la conferencia del año 1759, previendo el peligro de que podría introducirse clandestina y sutilmente entre nosotros una diversidad de opiniones, volvimos a considerar extensamente esta doctrina; y poco después publiqué el folleto *Pensamientos sobre la perfección cristiana*, con la siguiente advertencia a manera de prólogo:

El motivo de este folleto no es satisfacer la curiosidad de ningún hombre; tampoco es probar extensamente la doctrina, en oposición a los que la refutan y ridiculizan; ni para contestar las numerosas objeciones que contra ella puedan levantarse, aun por hombres serios. Mi intención es simplemente declarar cuáles son mis conceptos sobre el particular: lo que según mi manera de ver incluye la perfección cristiana, y lo que excluye, y añadir algunas observaciones e instrucciones prácticas en relación con ella.

Como estos pensamientos en su principio vieron la luz en forma de preguntas y respuestas, se dejan en la misma forma. Son los mismos que he abrigado por más de veinte años.

Pregunta — ¿Qué es la perfección cristiana?

Respuesta — Es el amar a Dios con todo nuestro corazón, mente y fuerza. Esto indica que nada de mal genio, nada contrario al amor, queda en el alma; y que todos los pensamientos, palabras, y acciones, son gobernados por amor puro.

Pregunta — ¿Afirma usted que esta perfección excluye toda flaqueza, ignorancia, y error?

Respuesta — Hoy, como ayer, afirmo exactamente lo contrario.

Pregunta — Pero, ¿cómo puede todo pensamiento, palabra y obra ser gobernada por amor puro, y el hombre estar al mismo tiempo sujeto a ignorancia y error?

Respuesta — No veo ninguna contradicción en eso. Un hombre puede estar lleno de amor puro, y a la vez sujeto a equivocaciones. Yo, ciertamente, no espero estar libre de equivocaciones hasta que este cuerpo mortal se vista de inmortalidad. Considero las equivocaciones como una consecuencia natural del alma morando en sangre y carne. No podemos ahora pensar, sino por la mediación de estos órganos corporales, los cuales han sufrido igualmente con todo el resto de nuestro organismo las consecuencias del pecado. Por lo tanto no podemos evitar a veces equivocarnos en nuestros pensamientos, hasta que lo corruptible sea vestido de incorrupción.

Pero podemos desarrollar más este pensamiento. Un juicio equivocado puede ocasionar una práctica errónea. Por ejemplo: El error del señor De Renty con respecto a la naturaleza de la mortificación, nacido del prejuicio de una falsa enseñanza, ocasionó la práctica errónea de usar él una faja de hierro. Pueden haber mil casos semejantes aún en personas que estén en el estado más alto de gracia. Pero, donde cada palabra y acción nace del amor, tal error no es propiamente un pecado. Sin embargo, no puede soportar el rigor de la justicia de Dios, y por eso necesita la sangre expiatoria.

Pregunta — ¿Cuál fue la opinión de todos nuestros hermanos que se reunieron en Brístol en agosto de 1758, sobre este particular?

Respuesta — Fue expresada en estas palabras: 1. Podemos equivocarnos mientras vivamos. 2. Una opinión errada puede ocasionar una práctica errónea. 3. Cada error de esa naturaleza es una transgresión de la ley perfecta. 4. Por tanto, esos errores, si no fuera por la sangre expiatoria, le expondrían a la condenación eterna. 5. Quiere decir, pues, que los más perfectos tienen continua necesidad de los méritos de Cristo aún por sus transgresiones actuales, y pueden decir por sí mismos, como por sus hermanos: "Perdónanos nuestras deudas."

Esto explica lo que de otro modo parecería enteramente inexplicable; es a saber, que algunos no se ofenden cuando hablamos del grado superlativo del amor, pero no quieren escuchar de la vida sin pecado. La razón es esta: Ellos saben que todo hombre está expuesto a equivocarse tanto en la práctica como en juicio; pero no saben, o no observan, que eso no es pecado si el amor es el único móvil de la acción.

Pregunta — Pues bien, si viven sin pecado, ¿no excluye esto la necesidad de un mediador? A lo menos, ¿no queda demostrado claramente que ya no tienen necesidad de Cristo como sacerdote?

Respuesta — Lejos de eso. Ninguno siente tanto como éstos, su necesidad y dependencia de Cristo, puesto que Cristo no da vida al alma aparte de El, sino en Sí mismo. Por lo tanto, sus palabras son igualmente aplicables a todos los hombres, en cualquier estado de gracia en que se encuentren: "Permaneced en mí, y yo en vosotros. Como el pámpano no puede llevar fruto por sí mismo, si no permanece en la vid, así tampoco vosotros, si no permanecéis en mí . . . porque separados de mí nada podéis hacer" (Juan 15:4, 5).

Los Enteramente Santificados Necesitan la Expiación

Necesitamos a Cristo en todo estado de gracia por las siguientes razones: 1. Cualquier gracia que recibimos es un don gratuito de El. 2. La recibimos como una dádiva, y meramente en consideración del precio que El pagó. 3. Recibimos esta gracia, no solamente de Cristo sino en Cristo. Porque nuestra perfección no es como la de un árbol, que florece por la savia absorbida por su propia raíz, sino, como dijimos antes, como la de una rama, que, unida a la vida, lleva frutos; pero separada de ella se marchita y se seca. 4. Todas nuestras bendiciones, temporales, espirituales y eternas, dependen de su intercesión por nosotros, la cual es parte de su oficio sacerdotal, del cual siempre tenemos necesidad. 5. Aun los mejores cristianos necesitan continuamente la mediación sacerdotal de Cristo, para que haga expiación por sus omisiones, sus faltas (como muy bien dicen algunos), sus errores en pensamiento y práctica, y sus muchos defectos. Pues todos estos son desviaciones de la ley perfecta, y por consiguiente necesitan la expiación. Sin embargo, deducimos por las palabras de San Pablo, que no son realmente pecados: "El amor no obra mal al prójimo: el amor pues es el cumplimiento de la ley" (Romanos 13:10, V. M.). Así que, los errores y cualquier flaqueza que necesariamente se deben al estado corruptible del cuerpo, no son de ningún modo contrarios al amor; y por lo tanto, no son pecados en el sentido bíblico.

Transgresiones Involuntarias y Perfección sin Pecado

Para ser más explícito sobre este punto, diré: 1. No sólo lo propiamente llamado pecado (la transgresión voluntaria de una ley conocida), sino lo impropiamente llamado pecado (la transgresión involuntaria de una ley divina, ya sea conocida o no), necesita la sangre expiatoria. 2. Creo que no hay tal perfección en esta vida que excluya estas transgresiones involuntarias, las cuales, entiendo, se deben naturalmente a la ignorancia y los errores que no pueden separarse de la personalidad. 3. Por lo tanto, la *perfección sin pecado* es una frase que nunca uso, no sea que dé la impresión de contradecirme a mí mismo. 4. Creo que una persona llena del amor de Dios está todavía expuesta a estas transgresiones involuntarias. 5. Usted puede llamar pecado a tales transgresiones si le place; yo no las llamo así por las razones ya mencionadas.

Pregunta — ¿Qué consejo daría usted a los que las califican así y a los que no las califican como pecado?

Respuesta — A los que no las llaman pecados, les

aconsejo que nunca piensen que ellos o cualquiera otra persona están en tal estado de perfección que pueden estar en pie delante de la justicia infinita sin un mediador. Tal actitud sería evidencia de la más profunda ignorancia, o de la más descarada presunción y arrogancia.

A los que las llaman así, aconsejo tener cuidado de no confundir estos defectos con lo que es propiamente llamado pecado. Pero, ¿cómo podrán evitarlo? ¿Cómo podrá distinguirse el uno del otro, si todos son igualmente llamados pecados? Temo que, si concediéremos que algún pecado es compatible con la perfección cristiana, pocos limitarían la idea a aquellos defectos de los cuales puede ser verdad la afirmación.

Pregunta — Pero, ¿cómo puede una inclinación a errar ser compatible con el amor perfecto? ¿No están las personas perfeccionadas en amor bajo la influencia del mismo a cada momento? ¿Puede del amor puro proceder equivocación alguna?

Respuesta — Contesto: 1. Que muchos errores pueden ser compatibles con el amor puro; 2. Que algunos pueden accidentalmente manar de él: Quiero decir que el amor mismo puede inclinarnos a equivocaciones. El amor puro hacia nuestro prójimo, nacido del amor de Dios, no piensa mal, todo lo cree y todo lo espera. Ahora, esta misma cualidad de ser confiado, pronto para creer y esperar lo mejor de todos los hombres, puede hacernos creer que algunos hombres son mejores de lo que son en realidad. He aquí entonces una equivocación manifiesta, manando accidentalmente del amor puro.

Pregunta — ¿Cómo podremos evitar el colocar la perfección cristiana demasiado alta o demasiado baja?

Respuesta — Limitándola a la Biblia, y colocándola

tan alta como ésta lo hace. No es ni más alta ni más baja que esto: El amor puro a Dios y al hombre; el amar a Dios de todo nuestro corazón y de toda nuestra alma, y a nuestro prójimo como a nosotros mismos. Es el amor gobernando el corazón y la vida, destilándose en nuestro carácter, palabras y acciones.

La Profesión de la Santidad

Pregunta — Admitiendo que alguno alcanzare esto, ¿le aconsejaría usted que hablara de ello?

Respuesta — Al principio, tal vez le sería difícil contenerse; el fuego ardería de tal manera dentro de él que le impulsaría como un torrente el deseo de declarar la amorosa bondad del Señor. Pero después puede hacerlo, teniendo la precaución de no hablar de ello a los que no conocen a Dios (porque probablemente sólo lograría provocarlos a disentir y a blasfemar); con otros tampoco debe tocar este punto sin una razón particular, sin algún objetivo para el bien de ellos. Y entonces debe tener cuidado de evitar toda apariencia de jactancia, hablando con profunda humildad y reverencia, dando toda la gloria a Dios.

Pregunta — Pero, ¿no sería mejor guardar completo silencio, no mencionarlo para nada?

Respuesta — Por medio del silencio, él podría evitar muchos sinsabores, los cuales natural y necesariamente sobrevendrían si él declarara aún entre los creyentes lo que Dios ha hecho en su alma. En consecuencia, si tal persona consultara con sangre y carne, permanecería en silencio. Pero esto no puede hacerse con tranquilidad de conciencia, porque indudablemente debe hablar. El hombre no enciende una vela para ponerla debajo de un almud; mucho menos el Dios infinitamente sabio. El no levanta tal monumento de su poder y amor para ocultarlo de la humanidad. Al contrario, es su intención que sea una bendición general a los de sencillo corazón. Su propósito pues, es no solamente la felicidad de ese solo individuo, sino de animar y alentar a otros a seguir en pos de la misma bendición. Su voluntad es que muchos lo vean y se regocijen, y pongan su confianza en el Señor. No hay otra cosa debajo del cielo que anime más a los justificados, que conversar con aquellos que han experimentado una salvación más alta aún. Esto pone aquella salvación plenamente ante su vista, y aumenta su hambre y sed de obtenerla; una ventaja que se hubiera perdido del todo, si la persona así salvada permaneciera callada.

Pregunta — Pero, ¿no hay medio de evitar estos sinsabores que generalmente caen sobre aquellos que hablan de haber alcanzado tal salvación?

Respuesta — Parece que no se pueden evitar completamente mientras quede tanta carnalidad en los creyentes. Pero algo se pudiera hacer, si el predicador de cada lugar: 1. Hablase libremente con los que así testifican; y 2. Si lucha para que sean tratados justamente y con amor aquellos en cuyo favor hay prueba razonable.

Las Evidencias de Ser Enteramente Santificado

Pregunta — ¿Qué sería esta prueba razonable? ¿Cómo podemos conocer con certeza uno que haya sido salvo de todo pecado?

Respuesta — No podemos infaliblemente conocer uno que haya sido así salvado (ni a uno que ha sido justificado), a menos que le plazca a Dios dotarnos del milagroso discernimiento de espíritus. Pero las siguientes evidencias, si se examinan sinceramente, serán suficientes para no dejar lugar a duda en cuanto a la veracidad y la profundidad de la obra: 1. Si teníamos clara evidencia de su comportamiento ejemplar por algún tiempo antes del supuesto cambio, esto nos dará razón para creer que "no mentirá a Dios", sino que hablará ni más ni menos de lo que siente; 2. Si en lenguaje sólido que no puede ser refutado diera un relato preciso del tiempo y la manera como se operó el cambio; y 3. Si es evidente que todas sus palabras y acciones subsecuentes son santas e irreprochables.

El resumen del asunto es: 1. Tengo toda razón para creer que esta persona no miente. 2. El testifica delante de Dios de esta manera, "No siento pecado, pero sí siento amor inefable; oro, me regocijo, y doy gracias sin cesar; teniendo tan íntimo y claro testimonio de mi cabal renovación, como de mi justificación". Ahora, si nada tengo que objetar a este testimonio tan claro, debo por razón natural creerlo.

No perjudica en nada a la doctrina que alguien diga: "Sé de varias cosas en las cuales él está equivocado." Admitimos que sea así, pues mientras vivamos estamos sujetos a equivocarnos. Un juicio equivocado puede ocasionar equivocaciones prácticas. Pero debemos constantemente pedir a Dios que nos libre de ellas en lo que sea posible. Por ejemplo: Un individuo que ha alcanzado la perfección cristiana puede equivocarse con respecto a otra persona, considerándola, en algún caso especial, más o menos culpable de lo que es en realidad. Debido a esto puede ser que le hable con más o menos dureza que lo que la falta requiere. En este sentido (aunque no sea éste el significado primordial de Santiago), "todos ofendemos muchas veces". Esto, por tanto, no es una prueba que la persona que así hable no sea perfecta en amor.

Pregunta — Pero, ¿no es una prueba el que se asuste o disguste por un ruido, una caída, o algún peligro repentino?

Respuesta — No lo es, porque uno puede sobresaltarse, temblar, cambiar de color o sufrir otros desórdenes físicos mientras el alma está tranquilamente confiada en Dios, y permanece en perfecta paz. Aun la mente puede estar profundamente angustiada y afligida, perpleja y agobiada por terrible angustia hasta la muerte, y al mismo tiempo adherirse el corazón a Dios por medio de ese amor perfecto, y estar la voluntad completamente sometida a El. ¿No fue así con el mismo Hijo de Dios? ¿Ha sufrido algún hijo de hombre, la angustia, el dolor y la agonía que El sufrió? Y sin embargo El "no conoció pecado".

Pregunta — Pero, ¿cabe en un corazón puro el preferir alimento agradable en lugar de desagradable, o tratar de agradar los sentidos con un placer que no sea estrictamente necesario? Si es así, ¿cómo son estos cristianos diferentes de otros?

Respuesta — La diferencia entre éstos y los otros al tomar manjares agradables es: 1. Los primeros no necesitan ninguna de estas cosas para hacerles felices, porque tienen un manantial de felicidad dentro de sí. Ven y aman a Dios, y por esto se regocijan siempre dando gracias en todo. 2. Pueden participar de ellos, pero no los buscan. 3. Los usan frugalmente, y no por el valor de la cosa en sí. Habiendo sido establecido esto, contestamos claramente:

Esta persona puede gustar manjares deliciosos sin el peligro que acompaña a los que no son salvos del pecado. Puede preferir ésos a comidas desagradables, aunque igualmente saludables, como medio de aumento de gratitud sincera a Dios, quien "nos da todas las cosas en abundancia para que las disfrutemos". Bajo este mismo principio, puede oler una flor, comerse un racimo de uvas, o complacerse en alguna otra cosa que no disminuye, mas sí aumenta su deleite en Dios. Por lo tanto, tampoco podemos decir que una persona hecha perfecta en amor sería incapaz de contraer matrimonio o de ocuparse de negocios. Si fuere llamado para ello, sería más capaz que nunca, pudiendo entonces hacer todas las cosas sin ninguna distracción de espíritu.

Pregunta — Pero si dos cristianos perfectos tuvieren hijos, ¿cómo pueden éstos ser nacidos en pecado no habiendo pecado en sus padres?

Respuesta — Es un caso posible pero no probable. Dudo que haya habido o que pueda haber tal caso. Pero dejando esto a un lado, contestó: El pecado me es transmitido, no por procreación inmediata, sino por mi primer padre. En Adán todos murieron; por la desobediencia de uno, todos fueron hechos pecadores; todo el género humano, sin excepción, estaba en sus lomos cuando él comió del fruto prohibido.

Tenemos una maravillosa ilustración de esto en los huertos. Injertos de manzanas buenas en un tronco de manzanas silvestres dan manzanas excelentes; pero sembrad la semilla de esas frutas, y ¿cuál será el resultado? Producen manzanas puramente silvestres.

La Vida Exterior de los Regenerados y de los Enteramente Santificados Puede Ser Igual

Pregunta — Pero, ¿qué obras hace el que es perfecto en amor que sobrepasan las obras de los creyentes comunes?

Respuesta — Tal vez ninguna; pues quizá Dios por circunstancias externas lo haya así dispuesto. Tal vez no haga mucho exteriormente, aun cuando su deseo sea hacer todo cuanto pueda para Dios. Quizá ni siquiera hable mucho, ni haga muchas obras, como nuestro Señor mismo ni habló mucho, ni hizo tan grandes obras como hicieron algunos de sus apóstoles (Juan 14:12). Pero eso no prueba que no tiene mayor gracia. Oid lo que Cristo dice: "En verdad os digo, que esta viuda pobre echó más que todos." De cierto, este hombre pobre con sus pocas y mal pronunciadas palabras ha dicho más que todos ellos. Esta mujer pobre que ha dado un vaso de agua fría ha hecho más que todos ellos.

¡Oh, cesad de juzgar "según las apariencias", y aprended a juzgar "con justo juicio"!

Pregunta — Pero, ¿no puede ser una prueba en su contra el que yo no sienta unción ni en sus palabras ni en sus oraciones?

Respuesta — No lo es, porque quizá la culpa sea de usted. Es muy posible no sentir el poder de lo alto si hay alguno de los siguientes obstáculos en el camino: 1. Vuestro adormecimiento del alma. Los fariseos, muertos espiritualmente, no sintieron ese poder, ni aun por las palabras de Aquel que habló como ningún hombre ha hablado (Juan 7:46). 2. Por el pecado oscureciendo la conciencia. 3. Por un prejuicio contra la persona que testifica. 4. Por creer que no es posible obtener ese estado que él profesa haber alcanzado. 5. Por no querer aceptar que dicha persona lo ha obtenido. 6. Por estimarlo demasiado o idolatrarlo. 7. Por tener un concepto más elevado de sí mismo que el que se debe tener. Si existe uno o varios de estos impedimentos, ¿es de sorprenderse que los afectados por éstos no se conmuevan por lo que él dice? Pero, ¿sienten otros esta unción? Si la sienten, vuestro argumento carece de valor, y si no la sienten, puede suceder que su camino esté obstruido por los obstáculos ya citados u otros de la misma índole. Debéis estar seguros de esto antes de formar ningún juicio sobre el particular; y aun así vuestro argumento no probará otra cosa sino que la gracia y los dones no siempre van juntos.

"Pero él no llena mi ideal de un cristiano perfecto." Tal vez nadie lo ha llenado ni lo llenará. Porque puede ser que vuestro ideal se extienda más allá de las exigencias bíblicas. Puede ser que incluya más de lo que la Biblia enseña, o al menos algo que ella no enseña. La perfección cristiana es el amor puro llenando el corazón, y gobernando todas las palabras y acciones. Si vuestra idea incluye algo más o algo ajeno a esto, no es bíblica; y por consiguiente, no os debéis maravillar que un cristiano bíblicamente perfecto no la pueda llenar.

Temo que muchos tropiezan contra esta piedra. Incluyen tantos ingredientes como les place, no conforme a las Escrituras, mas según la opinión que ellos se han formado acerca de cómo debe ser un cristiano perfecto; y entonces niegan que lo sea cualquiera que no llena esa idea imaginaria. Debemos, por lo tanto, empeñarnos en mantener siempre ante nuestra vista la sencilla enseñanza bíblica. El amor puro reinando solo en el corazón y en la vida, esto es el todo de la perfección bíblica.

El Espíritu Atestigua a Nuestra Completa Santificación tan Claramente como a Nuestra Justificación

Pregunta — ¿Cuándo puede una persona saber que ha obtenido esto?

Respuesta — Cuando, después de haber sido convencida del pecado innato por medio de una convicción más profunda y clara de lo que experimentara antes de la justificación, y después de experimentar una mortificación gradual del pecado, experimenta una muerte total al pecado y una renovación en el amor e imagen de Dios, de modo que está siempre gozosa, ora sin cesar, y da gracias a Dios en todo. No es suficiente prueba "sentir sólo amor y nada de pecado". Varios han experimentado esto antes de que sus almas sean completamente renovadas. Nadie debe, por lo tanto, creer que la obra está hecha hasta que no sea añadido el testimonio del Espíritu Santo, confirmando su entera santificación tan claramente como su justificación.

¿Podemos Ser Engañados?

Pregunta — ¿Por qué es entonces que algunos se imaginan ser santificados, cuando en realidad no lo son?

Respuesta — Esto sucede cuando no se juzgan por todas las señales ya mencionadas, sino por algunas de éstas, o por otras que son ambiguas. Pero no tengo conocimiento de que se haya engañado uno quien manifieste todas estas señales. No creo que haya tal en el mundo. Si un hombre, después de ser justificado se convence profunda y plenamente del pecado innato, y si esta convicción va acompañada: 1. Del amortiguamiento gradual de éste; 2. de una entera renovación a la imagen de Dios superior aun a la que recibió cuando fue justificado; y 3. del claro testimonio del Espíritu Santo, considero tan imposible que tal hombre pueda estar engañado como el admitir que Dios mintiese. Y si un hombre de reconocida veracidad testifica estas cosas, no debo, sin razones justificadas, rechazar su testimonio.

¿Es Gradual o Instantánea?

Pregunta — ¿Es gradual o instantánea la muerte al pecado y la renovación del amor?

Respuesta — Un hombre puede estar agonizando por mucho tiempo; sin embargo, no está muerto propiamente hablando, hasta el instante en que el alma se separa del cuerpo; y en ese instante pasa a la eternidad. De la misma manera uno puede estar agonizando por algún tiempo en cuanto al pecado; sin embargo no está muerto al pecado hasta que éste sea quitado de su alma, y en este instante pasa a vivir la plena vida de amor. Y así como es diferente el cambio que se opera cuando muere el cuerpo, así es infinitamente más sublime el cambio que se opera cuando el pecado es quitado del alma. Este cambio trascendental y sublime no puede ser comprendido hasta haberlo experimentado. No obstante esta transformación incomparable, él continúa creciendo en gracia, en amor, y en el conocimiento de Cristo, reflejando la imagen de Dios, y continuará creciendo ahora y por la eternidad.

Pregunta —¿Cómo debemos esperar este cambio?

Respuesta — En fervorosa, vigorosa y cuidadosa obediencia, en celoso cumplimiento de todos los mandamientos, en vigilancia y disciplina, negándonos a nosotros mismos, y llevando nuestra cruz diariamente; también en oración sincera y ayunos, y en atento cumplimiento a todas las ordenanzas de Dios, sin permitir que la indiferencia o pereza entorpezca nuestro deseo. Si alguno procura de otra manera obtenerlo (o conservarlo una vez obtenido, aun cuando lo haya alcanzado en toda plenitud), engaña a su propia alma. Es verdad, que lo recibimos por la fe sencilla; pero Dios no da, ni dará esa fe a menos que la busquemos con toda diligencia y de la manera que El ha ordenado.

Esta exposición puede satisfacer a los que preguntan por qué tan pocos han recibido esta bendición. Mejor, preguntad cuántos la están buscando de la manera indicada, y tendréis el secreto de por qué tan pocos la reciben.

El secreto se encuentra en la falta de oración. ¿Quién persevera en la oración? ¿Quién lucha con Dios hasta alcanzarla? Es por esto que Santiago dice: ". . . no tenéis . . . porque no pedís . . . porque pedís mal . . ." (Santiago 4:2, 3), puesto que deseáis ser renovados en las mismas puertas de la muerte. ¡En el momento de la muerte! ¿Te satisfará eso? Creo que no. Pedid a Dios que seáis renovado ahora; hoy, mientras es día. Esto no quiere decir "señalarle el tiempo a Dios". De seguro, hoy es su tiempo, igual que mañana. ¡Dáte prisa, hombre, dáte prisa!

Pregunta — ¿Pero no podemos continuar en paz y gozo hasta que hayamos sido perfeccionados en amor?

Respuesta — Seguramente que sí, porque el reino de Dios no está dividido contra sí. Por lo tanto, no deben desanimarse los creyentes de "regocijarse en el Señor siempre". No obstante podemos sentirnos apenados por la naturaleza pecaminosa que aún permanece en nosotros. Es importante tener un sentido claro de ésta, y un deseo vehemente de ser librados de ella. Mas esto debe inducirnos a acudir a cada momento a nuestro poderoso Ayudador, a proseguir con más sinceridad hacia la "meta, al premio del supremo llamamiento de Dios en Cristo Jesús" (Filipenses 3:14). Y cuando más nos agobia el peso de nuestro pecado, más debemos buscar descanso en su amor.

¿Cómo Tratar a los que Profesan Santidad?

Pregunta — ¿Cómo debemos tratar a los que afirman que la han alcanzado?

Respuesta — Examinándolos con franqueza y exhortándoles a orar con fervor, para que Dios les muestre todo lo que hay en sus corazones. Por todo el Nuevo Testamento se exhorta a los que están en este estado más alto de gracia a que abunden en toda gracia, y tomen las mayores precauciones para evitar todo pecado. Esto empero debe hacerse cariñosamente, sin aspereza, sin severidad o acritud. Debemos evitar cuidadosamente aun la apariencia de enojo, falta de cariño o menosprecio. Dejad a Satanás tentar, y a sus hijos vociferar: "Examinémosle con desprecio y escarnio, para que conozcamos su mansedumbre y probemos su paciencia." Si son fieles a la gracia que les ha sido dada, no hay peligro de que se pierdan aun cuando estén en una equivocación; no, ni aun si permanecen en ella hasta la muerte.

Pregunta — Pero, ¿qué daño puede hacérseles al tratarles ásperamente?

Respuesta — O están equivocados o no lo están. Si lo están, tal tratamiento puede destruir sus almas. Esto no es imposible ni improbable. Puede enfurecerles o desanimarles de tal manera que se hundan para no levantarse jamás. Si no están equivocados, puede hacer sufrir a los que Dios no hace sufrir, y hacer mucho daño a su propia alma. Porque indudablemente el que los toca a ellos es como si tocara la niña del ojo de Dios. Si están verdaderamente llenos de su Espíritu, el tratarlos con desamor o desprecio es tanto como menospreciar al Espíritu de gracia. Por este medio, además, alimentamos en nosotros malas conjeturas y mal genio.

¡Qué presunción es esta de levantarnos como inquisidores de los demás, como jueces absolutos en estas cosas profundas de Dios! ¿Estamos capacitados para ese cargo? ¿Podemos declarar en todos los casos hasta dónde llega la flaqueza, y lo que puede y no puede contarse como tal? ¿Somos capaces de establecer lo que en todas las circunstancias es y lo que no es compatible con el amor perfecto? ¿Podemos determinar con precisión cómo estas flaquezas influirán sobre la mirada, los ademanes o el tono de la voz? Si lo podemos, ¡indudablemente somos tales hombres que con nosotros morirá la sabiduría!

Pregunta — Pero si se disgustan porque no se les cree, ¿no es una prueba en contra de ellos?

Respuesta — Según sea el disgusto. Si se encolerizan es prueba en contra de ellos; si se entristecen no lo es. Deben sentirse tristes porque dudamos de una verdadera obra de Dios, privándonos por lo tanto de las bendiciones que de ella hubiéramos recibido. Muy fácilmente confundimos esta pena con el enojo por ser muy parecidas las expresiones exteriores de ambos.

Pregunta — Pero, ¿no está bien descubrir a los que se

imaginan haberlo alcanzado, cuando no es así?

Respuesta — Está bien hacerlo, por medio de un examen benigno y amoroso. Pero no es prudente jactarse contra los que así se engañan. Es una falta de caridad, si al descubrir un caso semejante, nos alegramos como si hubiéramos encontrado un gran tesoro. ¿No debemos mejor compadecerles, e interesarnos profundamente y dejar que las lágrimas corran libremente? Porque éste parecía ser un testigo viviente del poder salvador de Dios hasta lo sumo; pero ¡ay!, no era como pensábamos. ¡Ha sido pesado en la balanza y encontrado falto! ¿Es esto motivo para regocijarnos? ¿No debemos regocijarnos mil veces más al encontrar sólo el amor puro?

"Pero él se ha engañado." ¿Entonces qué? Es una equivocación inofensiva mientras él no sienta en su corazón nada más que amor. Es una equivocación que generalmente prueba grande gracia, un alto grado tanto de santidad como de felicidad. Esto debe ser motivo de gozo para todos los que son de sencillo corazón; no la equivocación en sí, sino el grado de gracia que por un tiempo la ocasiona. Me regocijo de que esta alma está siempre feliz en Cristo, siempre ora y da gracias. Me gozo al saber que él no siente deseos impuros, mas sí, siente el amor puro de Dios continuamente. Y me regocijaré, si el pecado es suspendido hasta ser totalmente destruido.

Pregunta — ¿No hay peligro en un engaño de esa naturaleza?

Respuesta — No lo hay mientras él no sienta pecado. Había peligro antes, y lo habrá otra vez cuando se le presenten nuevas pruebas. Pero mientras él no sienta otra cosa que el amor animando todos sus pensamientos, palabras y acciones, no está en peligro; está no solamente feliz sino seguro bajo la sombra del Todopoderoso; y ¡por amor de Dios! dejadle continuar en este estado tanto tiempo como él pueda. Mientras tanto, haréis bien en advertirle del peligro que habrá si su amor se muere y el pecado revive, del peligro que corre si abandona la esperanza, y si supone que porque no ha alcanzado aún el estado deseado, nunca lo alcanzará.

Pregunta — Pero, ¿qué hay si ninguno lo ha obtenido hasta ahora, si todos los que piensan haberlo alcanzado están engañados?

Respuesta — Convencedme de esto y no lo predicaré más. Pero entendedme bien; no edifico ninguna doctrina sobre esta o aquella persona. Este o cualquier otro hombre puede ser engañado, pero eso no me trastorna. Empero, si ninguno ha sido perfeccionado aún, Dios no me ha enviado a predicar la perfección cristiana.

Vamos a suponer un caso semejante. Por muchos años he predicado que hay una paz de Dios "que sobrepasa todo entendimiento". Convencedme que estas palabras son una mentira, que en todos estos años ninguno ha obtenido esta paz, que no hay hoy un solo testigo vivo de ella, y no la predicaré más.

"Pero, señor Wesley, no es ése nuestro punto. Admitimos que varias personas han muerto en esa paz."

Está bien, pero mi punto es: *Testigos vivos.* Yo no pretendo asegurar de una manera *infalible* que tal o cual persona sea un testigo de esa paz; pero si yo estuviera seguro que no existe tal testigo, ya hubiera dejado de predicar esta doctrina.

"Me entendéis mal, señor Wesley. Creo que algunos de los que han muerto en este amor lo disfrutaban por largo tiempo antes de morir. Pero yo no estaba seguro de la realidad de su testimonio hasta algunas horas antes de su muerte.”

A esto respondo: No teníais, desde luego, una *seguridad infalible* de que tenían esa paz; aunque sí, pudierais haber tenido esta deducción razonable antes, y tal deducción pudiera haber avivado y confortado vuestra alma y respondido a los fines cristianos. Semejante deducción puede tenerla cualquier persona sincera, hablando por una hora en el amor y temor de Dios con uno que sea testigo vivo de ese estado bendito.

Pregunta — Pero, ¿qué importa que algunos lo hayan obtenido o no, cuando tantos pasajes bíblicos dan testimonio de ello?

Respuesta — Si yo estuviese convencido que nadie en Inglaterra hubiera alcanzado lo que tan clara y fuertemente ha sido predicado por un buen número de predicadores, en tantos lugares y por tanto tiempo, sería motivo para creer que todos habíamos interpretado mal el sentido de esas Escrituras; y, en vista de eso, en lo adelante, yo también tendría que enseñar que “el pecado permanece hasta la muerte”.

Trigo y Cizaña

¶ **20.** En el año 1762 hubo un gran crecimiento de la obra de Dios en Londres. Muchos, que hasta entonces no se habían preocupado de estas cosas, fueron profundamente convencidos de su estado perdido; muchos encontraron la redención en la sangre de Cristo; y no pocos desviados volvieron al camino y un número considerable testificó que Dios los había salvado de todo pecado. Previendo fácilmente que Satanás trataría de sembrar cizaña entre el trigo, me empeñé mucho en amonestarles del peligro que les acechaba con respecto al orgullo y fanatismo. Durante mi estadía en la ciudad tuve razones para creer que continuaban tanto humildes como serenos. Pero tan pronto me ausenté, estalló el fanatismo. Dos o tres comenzaron a considerar sus propias imaginaciones como revelaciones venidas de Dios, y de ahí a suponer que nunca morirían; y éstos luchando por hacer que otros fueran de la misma opinión, ocasionaron mucho ruido y confusión. Poco después, esas mismas personas con algunas más, cometieron otras locuras, creyéndose inmunes a la tentación y a los dolores y poseedores del don de profecías y discernimiento de espíritus. Cuando volví a Londres, en el otoño, algunos aceptaron mi reprensión, mas otros habían ido más allá del terreno de la instrucción. Mientras tanto, llovían sobre mí los reproches en casi todas las direcciones; de los mismos, porque los refrenaba en toda ocasión; y de otros, quienes se quejaban de que yo no los refrenaba. Sin embargo la mano del Señor no se detuvo, sino que más y más pecadores fueron convencidos, y habían conversiones casi diarias a Dios y otros eran establecidos en el amor divino.

¶ **21.** Por esta época, un amigo que vivía a alguna distancia de Londres me escribió como sigue:

"No os alarméis que Satanás siembre cizaña entre el trigo de Cristo. Siempre ha sido así, especialmente en ocasión de algún notable derramamiento del Espíritu y continuará siendo así hasta que Satanás haya sido encadenado por mil años. Hasta entonces él remedará y hará esfuerzos por contrarrestar la obra del Espíritu de Cristo. Uno de los resultados tristes de esto ha sido que un mundo que está siempre dormido en los brazos del maligno ha ridiculizado toda obra del Espíritu Santo.

"Pero, ¿qué pueden hacer los cristianos verdaderos? Respondo, si desean conducirse bien a sí mismos, deben: 1. Orar para que toda alma engañada sea libertada; 2. esforzarse para rescatarla en el espíritu de mansedumbre; y 3. tener el mayor cuidado, tanto por medio de la oración como de la vigilancia, para que el engaño de otros no disminuya su celo por buscar esa santidad completa del alma, cuerpo y espíritu 'sin la cual nadie verá al Señor' (Hebreos 12:14).

"Es verdad, que esto de la 'nueva criatura' carece de sentido a un mundo loco. Pero es, no obstante, la voluntad y sabiduría de Dios. ¡Que todos busquemos esta transformación!

"Pero algunos quienes aceptan esta doctrina en toda su extensión muy a menudo son culpables de limitar al Todopoderoso. El reparte sus dones conforme le plazca; por lo tanto no es ni prudente ni honesto afirmar que una persona debe ser creyente por largo tiempo antes de sentirse capaz de recibir un grado más alto del Espíritu de santidad.

"El método general de Dios es una cosa, pero su soberano placer es otra. El tiene sabias razones tanto para apresurar su obra como para retardarla. A veces viene súbita e inesperadamente; otras veces no viene hasta después de haberla esperado por mucho tiempo.

"Ha sido mi opinión por varios años que una de las grandes razones por la cual los hombres adelantan tan poco en la vida de santidad se debe a su propia frialdad, negligencia, e incredulidad. Nótese que hablo de los creyentes.

"Que el Espíritu de Cristo nos dé justo juicio en todas las cosas, y nos llene 'de toda la plenitud de Dios' (Efesios

3:19), para que así seamos 'perfectos y cabales, sin que os falte cosa alguna' (Santiago 1:4)."

¶ **22.** Por este tiempo se levantaron unos cinco o seis fanáticos bien intencionados y predijeron que el mundo se acabaría el 28 de febrero de este año. Inmediatamente los detuve por todos los medios posibles, tanto en público como en privado. Prediqué expresamente sobre este punto tanto en West Street como en Spitalfields. Amonesté a la sociedad de creyentes vez tras vez, y hablé a tantos como pude y tuve la satisfacción de ver el fruto de mi labor. Estos ganaron muy pocos seguidores; escasamente treinta en toda la sociedad. Sin embargo hicieron mucho ruido y dieron grandes motivos de ofensa a los que tenían especial cuidado en adelantar hasta lo último toda ocasión contra mí; y aumentó grandemente el número y valor de los que se oponían a la doctrina de la perfección cristiana. Algunas preguntas publicadas por uno de éstos movió a un hombre sencillo a escribir lo siguiente:

¶ **23.** *Cuestionario propuesto humildemente a los que niegan que la perfección cristiana puede obtenerse en esta vida*

1. ¿No es verdad que ha sido dado más universalmente el Espíritu Santo bajo el evangelio que bajo la dispensación judaica? Si no es así, ¿cómo pueden interpretarse las palabras que encontramos en Juan 7:39: ". . . pues aún no había venido el Espíritu Santo, porque Jesús no había sido aún glorificado?"

2. ¿Fue la gloria que siguió a los sufrimientos de Cristo (1 Pedro 1:11) una gloria externa o interna, es a saber, la gloria de la santidad?

3. ¿Exige Dios de sus hijos en alguna parte de las Es-

crituras algo superior a la gracia que El mismo les promete?

4. ¿Tendrán las promesas de Dios, con respecto a la santidad, su cumplimiento en esta vida o sólo en la otra?

5. ¿Está el cristiano bajo algunas otras leyes fuera de las que Dios ha prometido escribir en su corazón? (Jeremías 31:31; Hebreos 8:10).

6. ¿En qué sentido es cumplida ". . . la justicia de la ley . . . en nosotros, que no andamos conforme a la carne, sino conforme al Espíritu?" (Romanos 8:4).

7. ¿Es imposible que alguien en esta vida ame "a Jehová tu Dios de todo tu corazón, y de toda tu alma, y con todas tus fuerzas"? ¿Y está el cristiano bajo alguna ley no cumplida en este amor?

8. ¿La separación del alma del cuerpo efectúa la purificación del pecado innato?

9. Si así fuera, ¿no sería entonces otra cosa ajena a la sangre de Cristo, la que limpia de todo pecado?

10. Si su sangre nos limpia de todo pecado, mientras el alma y el cuerpo están unidos, ¿no es en esta vida?

11. Si se opera cuando esa unión ya no existe, ¿no es verdad que será en la otra vida? ¿Y no será entonces demasiado tarde?

12. Si se opera en el momento de expirar, ¿en qué estado estaría el alma si no se encuentra ni dentro del cuerpo ni fuera de él?

13. ¿Nos ha enseñado Cristo en alguna parte que debemos orar por lo que El no tiene intención de dar?

14. ¿No nos ha enseñado a orar así: ". . . Hágase tu voluntad, como en el cielo, así también en la tierra?" (Mateo 6:10). ¿Y no se hace su voluntad perfectamente en el cielo?

15. Siendo así, ¿no nos ha enseñado El a orar para alcanzar la perfección en la tierra? ¿No tendrá El pues el propósito de dárnosla?

16. ¿No oró San Pablo conforme a la voluntad de Dios, cuando él pedía que los tesalonicenses fuesen santificados en todo y que su "espíritu, alma y cuerpo sea guardado" (en este mundo, no en el otro, a menos que él estuviera orando por los muertos) "irreprensible para la venida de nuestro Señor Jesucristo"? (1 Tesalonicenses 5:23).

17. ¿Desea usted sinceramente ser libre del pecado innato en esta vida?

18. Si tiene usted ese deseo, ¿no le habrá sido dado por Dios?

19. Si Dios se lo ha dado, ¿no ha sido para burlarse de usted, ya que es imposible obtenerlo?

20. Si no es usted lo bastante sincero para desearlo, ¿no está usted disputando acerca de cosas que no están a su alcance?

21. ¿Acaso ora usted a Dios para que le limpie los pensamientos de su corazón, para que pueda amarle con amor perfecto?

22. ¿Si usted ni desea lo que pide, ni lo cree accesible, no está usted orando como un necio ora?

¡Que Dios le ayude a considerar estas preguntas serena e imparcialmente!

Algunos Testigos

¶ 24. Al fin de este año, Dios sacó de este mundo aquella antorcha luminosa que se llamó Jane Cooper. Ella fue una fiel testigo de la perfección cristiana, tanto en vida como en muerte, y no está de más dar aquí un corto relato de su muerte sirviéndonos de una de sus propias cartas, la cual contiene un relato sencillo y sincero de la manera como a Dios le plugo operar ese gran cambio en su alma:

"Creo que mientras dure mi memoria, la gratitud continuará en mí. Desde que usted predicó del texto en Gálatas 5:5, vi claramente el verdadero estado de mi alma. Ese sermón describió mi corazón y lo que él deseaba; es a saber, la verdadera felicidad. Usted leyó la carta del señor M . . . , y ella me reveló la religión que mi corazón deseaba. Desde entonces la perfección cristiana apareció a mi vista, y pude ir en pos de ella con verdadero empeño. Permanecí en vela y oración, a veces muy apenada, otras veces en paciente expectación de la deseada bendición. Por varios días, antes de su partida de Londres, mi alma descansaba sobre una promesa que me fue dada mientras oraba: '. . . y vendrá súbitamente a su templo el Señor a quien vosotros buscáis . . .' (Malaquías 3:1). Creí que lo haría, y que residiría como un fuego purificador. El martes, después de que usted salió de Londres, pensé que me sería imposible reconciliar el sueño a menos que El cumpliera su palabra esa noche. No conocía, hasta entonces, la fuerza de estas palabras: 'Estad quietos, y conoced que yo soy Dios . . .' (Salmos 46:10). Me humillé hasta lo sumo ante su presencia, y disfruté de perfecta calma en mi alma. No sabía si El había destruido mi pecado o no; pero deseaba saberlo, para alabarle. Sin embargo me di cuenta de que la duda había aparecido nuevamente, y gemí bajo su peso. El miércoles fui a Londres, y busqué al Señor sin cesar. Le prometí que si me salvaba del pecado, yo le alabaría. Podía abandonar todas las cosas, para ganar a Cristo. Pero descubrí que todas estas argumentaciones carecían de valor; que si El me salvaba, debía ser por gracia, por amor de su nombre. El jueves tuve la tentación de suicidarme, o de nunca conversar más con los creyentes en Dios. Con todo, no tenía ninguna duda de su amor indulgente; pero:

Era peor que la muerte a mi Dios amar,
Y no amarlo sólo a El.

"El viernes mi pena se hizo más honda. Traté de orar, y no pude. Fui donde la señora D., quien oró por mí, y me dijo que era la muerte del viejo hombre. Abrí mi Biblia y se presentó a mi vista este texto: 'Pero los cobardes e incrédulos . . . tendrán su parte en el lago que arde con fuego y azufre' (Apocalipsis 21:8). No pude aguantar eso. Miré otro texto (Marcos 16:6-7): '. . . No os asustéis; buscáis a Jesús nazareno . . . id, decid a sus discípulos . . . que él va delante de vosotros a Galilea; allí le veréis . . .' Recibí ánimo y ayuda para orar, creyendo que vería a Jesús al regresar a mi hogar. Regresé esa noche y encontré a la señora G. Ella oró por mí; y su súplica sólo era: '. . . Dios no hace acepción de personas' (Hechos 10:34). Y Dios confirmó que era así, bendiciéndome. En aquel momento pude echar mano de Cristo Jesús, y encontré la salvación por medio de una fe sencilla. El me dio seguridad, el Señor, el Rey, quien estaba conmigo, de que no vería más el mal. Bendije a Aquel que me había visitado y redimido y había venido a ser mi 'sabiduría, justificación, santificación y redención' (1 Corintios 1:30). Vi a Jesús en toda su hermosura; y supe que El era mi sacerdote en todos sus oficios. Y, gloria sea a El, pues ahora reina sin rival en mi corazón. No tengo otra voluntad que la de El. No siento orgullo; ni deseo otra cosa que no sea El. Sé que por fe estoy en pie, y que el velar y orar deben ser los guardianes de la fe. Soy feliz en Dios en este momento, y tengo fe para el momento que sigue. He leído a menudo el capítulo que usted menciona (1 Corintios 13), y he comparado mi corazón y vida con él. Haciendo esto, veo y siento mis defectos, y la necesidad que tengo de la sangre expiatoria. Sin embargo no me atrevo a decir que no siento una medida del amor allí descrito, aunque no soy todo lo que debo ser. Deseo perderme en ese amor que sobrepuja todo entendimiento. Sé que el justo vivirá por la fe; y a mí, que soy menos que el menor de todos los santos, ha sido dada esta gracia. ¡Si yo fuera un arcángel, me cubriría el rostro en su presencia y dejaría que el silencio le alabara!"

El siguiente testimonio fue dado por una que fue testigo ocular de lo que dice:

1. Al principios de noviembre, parece que ella previó lo que le sobrevendría, y cantaba con frecuencia estas estrofas:

Cuando el dolor sobre esta débil carne prevalezca,
De paciencia y mansedumbre armad mi pecho.

Y cuando envió a decirme que estaba grave, escribió en su esquela, "Sufro la voluntad de Jesús; todo lo que El me envía es endulzado por su amor. Estoy tan feliz como si oyera una voz decir:

Por mí, mis hermanos mayores aguardan,
Los ángeles me dan la señal de partida,
Y Jesús me dice: '¡Ven!' "

2. Al decirle yo, "No puedo escoger ni vida ni muerte para usted", respondió: "Pedí al Señor que, si era su voluntad, muriera yo primero. Y El me dijo que usted me sobrevivirá, y me cerrará los ojos." Cuando descubrimos

que eran viruelas, le dije, "¿Querida, no os alarmará si os decimos cuál es vuestro mal?" Su respuesta fue, "La voluntad de El no puede asustarme".

3. Este mal se agravó muy pronto, pero mientras más se agravaba, más se fortalecía su fe. El martes 16 de noviembre, me dijo ella, "He estado adorando delante del trono de una manera gloriosa. ¡Mi alma estaba envuelta en Dios!" Preguntéle, "¿Le dio el Señor alguna promesa en particular?" "No", contestó ella. "Se redujo todo a:

Aquel reverente temor que no se atreve a moverse,
Y todo el silencioso cielo de amor."

4. El jueves, al preguntarle qué tenía que decirme, me contestó con estas palabras: "Nada que no sepáis ya: Dios es amor." Interrogándola con respecto a si tenía alguna promesa especial, replicó, "Me parece no desear una; puedo vivir sin ella. Moriré siendo una masa deforme, pero os encontraré gloriosa, y mientras tanto, continuaré teniendo comunión con vuestro espíritu".

5. El señor M. preguntó cuál creía ella que era el más excelente camino, y cuáles eran sus principales impedimentos. Su respuesta fue: "El obstáculo o impedimento más grande viene generalmente de la constitución natural de uno mismo. El mío era ser reservada, taciturna, sufrir mucho y decir poco. Algunos pueden pensar que una manera es más excelente, y otros otra; pero el punto importante es vivir en la voluntad de Dios. En meses pasados cuando estuve particularmente dedicada a esto, sentía tal dirección de su Espíritu, y la unción que recibí del Ser Santo me ha enseñado acerca de todas las cosas, y no necesité que ningún hombre me enseñara."

6. El viernes en la mañana dijo: "Creo que moriré." E incorporándose en la cama pronunció estas palabras:

"Señor, te bendigo porque estás siempre conmigo, y todo cuanto tienes es mío. Tu amor es más potente que mi impotencia, más fuerte que mi debilidad, más grande que mi indignidad. ¡Señor, Tú dices a esta ruina: Eres mi hermana! Y gloria sea a ti, oh buen Jesús, porque eres mi Hermano. ¡Déjame comprender, junto con todos los santos, la longitud, anchura, profundidad y altura de tu amor! Bendice a éstos (los presentes); y haz que se ejerciten cada momento en todas las cosas que sean de tu agrado."

7. Algunas horas después, se apoderó de ella la agonía de la muerte; pero su rostro estaba iluminado con triunfante sonrisa, y ella daba palmadas de gozo. Díjole la señora C., "Querida, eres más que vencedora por la sangre del Cordero". Como respuesta dijo: "¡Sí, oh sí, dulce Jesús! ¿Oh muerte, dónde está tu aguijón?" Quedóse entonces medio dormida por algún tiempo, y luego, al tratar de hablar, no pudo; sin embargo dio testimonio de su amor dando la mano a todos los que estaban en el cuarto.

8. Llegó entonces el señor Wesley a quien ella dijo: "Señor, no sabía que yo viviría para verle. Pero me alegro que el Señor me haya dado esta oportunidad, y a la vez poder hablarle. Yo le amo. Usted ha predicado siempre la más estricta doctrina; y yo me gocé siguiéndola. Continúe haciéndolo, señor Wesley, sin tener en cuenta a quién le agrade o desagrade." Hízole él la siguiente pregunta, "¿Cree usted actualmente que es salvada de pecado?" "Sí, hace meses que no tengo duda de ello. El haber dudado en otro tiempo se debió a que no permanecí en la fe. Ahora siento que he guardado la fe; y el amor perfecto echa fuera el temor. En cuanto a usted, el Señor me ha revelado que sus trabajos postreros excederán a sus primeros, aunque yo no lo vea. He sido una gran "entusiasta', según el

término usado por algunos, estos últimos seis meses; pero nunca antes había vivido tan cerca del corazón de Cristo. Usted debe, señor, continuar consolando los corazones de centenares siguiendo aquella sencillez que ama su alma."

9. A uno que había recibido el amor de Dios bajo sus oraciones, ella dijo, "Sé que no he seguido una fábula astutamente arreglada, porque soy tan feliz como el más feliz mortal puede ser. Siga adelante, hasta llegar al blanco". Sus palabras a la señorita M. fueron: "Ama a Cristo, pues El te ama. Creo que te veré a la diestra de Dios. Pero como una estrella difiere de otra en gloria, así será en la resurrección, y por eso te requiero en presencia de Dios que me encuentres en aquel día llena de su gloria. Evita toda conformidad con el mundo. Estás privada de muchos privilegios. Sé que yo seré encontrada sin culpa. Esfuérzate para ser hallada por El en paz sin mancha."

10. Su oración el sábado por la mañana fue más o menos como sigue: "Yo sé, Señor, que mi vida se prolonga sólo para hacer tu voluntad. Y aún cuando no coma o beba más (ella no había tomado nada por espacio de 28 horas), sea hecha tu voluntad. Estoy dispuesta a permanecer así doce meses: *No con solo el pan vivirá el hombre*. Te alabo porque no hay sombra de queja en nuestros ayes. En este sentido no sabemos lo que significan las enfermedades. Verdaderamente, Señor *que ni vida, ni muerte, ni cosas presentes, ni porvenir, ni ninguna criatura puede separarnos de tu amor* un momento. Bendice a éstos, para que no haya falta en sus almas. Creo que no la habrá. Oro con fe."

A pesar de su estado delirante, el domingo y el lunes tuvo momentos de cordura, en los cuales se comprendía claramente que su corazón estaba aun en el cielo. Al decirle uno de los presentes, "Jesús es nuestra meta", ella contestó: "Yo tengo un solo blanco; soy toda espiritual." Díjole entonces la señorita M: "Tú moras en Dios", a lo que contestó ella, con la palabra: "Completamente." Alguien le preguntó si amaba al Señor, a lo que ella contestó: "¡Oh, yo amo a Cristo: amo a mi Cristo!" A otro dijo, "No estaré aquí por mucho tiempo; Jesús es precioso, muy precioso, en verdad". Hablando nuevamente a la señorita M., le dijo: "El Señor es muy bueno; El conserva mi alma por encima de todas las cosas." Por quince horas antes de su muerte, sufrió horriblemente de fuertes convulsiones. Uno de los testigos de su terrible sufrimiento le dijo: "Eres hecha perfecta por medio de los sufrimientos", a lo cual contestó ella: "Más y más así." Después de un rato de tranquilidad, dijo: "¡Señor, Tú eres fuerte!" Luego, tras larga pausa pronunció sus últimas palabras, las cuales fueron: "Mi Jesús es todo en todo para mí; gloria sea a El por toda la eternidad", y después de media hora de completa tranquilidad expiró sin un suspiro o una queja."

Otros Pensamientos acerca de la Perfección Cristiana

¶ **25.** El año siguiente (1768), como seguía en aumento el número de los que creían ser salvos del pecado, juzgué necesario publicar, principalmente para la instrucción de éstos, "Otros Pensamientos acerca de la Perfección Cristiana", los cuales incluyo aquí:

1. *Pregunta* — ¿Cómo es Cristo "el fin de la ley . . . para justicia a todo aquel que cree"? (Romanos 10:4).

Respuesta — Para entender esto, hay que saber de cuál ley se habla, la cual creo que es: 1. La ley mosaica, toda la dispensación mosaica, de la cual San Pablo continuamente habla como si fuera una, aunque contiene tres partes: la política, la moral y la ceremonial. 2. La ley adámica, dada a Adán en su inocencia, y propiamente llamada "la ley de las obras". Esta es en substancia igual a la angelical, siendo común a los ángeles y a los hombres. Esta ley requería que el hombre usara para la gloria de Dios todos los poderes con que fue creado. Sabemos que fue creado libre de defecto, tanto en su entendimiento como en sus afectos. Por consiguiente, su cuerpo no era un obstáculo para su mente; no le impedía comprender claramente todas las cosas, juzgando fielmente con respecto a ellas, y razonando justamente, en caso de que razonara, porque es posible que no lo hiciera. Tal vez no tuvo necesidad de analizar hasta que su cuerpo corruptible enturbió su mente y dañó sus facultades originales. Puede ser que hasta entonces la mente viera tan claramente como hoy el ojo ve la luz todas las verdades que se presentaban.

Por consiguiente, esta ley, proporcionada a sus facultades originales, requería que el hombre pensara, hablara y procediera siempre con justa precisión en todos estos puntos. El estaba bien preparado para hacerlo; y Dios por lo tanto no podía menos que exigir el servicio que el hombre podía hacer.

Pero Adán cayó, y su cuerpo incorruptible se tornó corruptible; y desde entonces, éste ha sido un obstáculo para su alma, e impide sus actividades tanto espirituales como físicas. Por lo tanto, actualmente, ningún ser humano puede siempre comprender claramente, o juzgar con verdadero juicio. Y donde el juicio o la comprensión es defectuosa, es imposible razonar justamente. Así que, es tan natural en el hombre el equivocarse como el respirar, siendo tan imposible vivir sin el uno como sin el otro. Por consiguiente ningún hombre puede cumplir los servicios requeridos por la ley adámica.

Y ningún hombre está obligado a cumplirla; porque Dios no lo requiere de ninguno; pues Cristo es el fin de la ley tanto adámica como mosaica. Con su muerte El puso fin a ambas; El ha abolido tanto la una como la otra, con respecto al hombre; y la obligación de observar tanto la una como la otra dejó de ser. Además, ningún hombre está obligado a observar la ley adámica, como no lo está a la ley mosaica. (Quiero decir, que su observancia no es una condición exigida para la salvación presente o futura.)

En lugar de éstas, Cristo ha establecido otra ley, es a saber, la ley de la fe. Ahora no es aquel que obra, sino el que cree quien recibe justicia en el sentido completo de la palabra; es decir, es justificado, santificado y glorificado.

2. *Pregunta* — ¿Estamos muertos a la ley?

Respuesta — Estamos "muertos a la ley mediante el cuerpo de Cristo" dado por nosotros, Romanos 7:4; tanto a la ley adámica como a la mosaica. Estamos completamente libres de ellas por su muerte, habiendo expirado la ley con El.

3. *Pregunta* — ¿Cómo es entonces, que dice en 1 Corintios 9:21 que no estamos "sin ley de Dios, sino bajo la ley de Cristo"?

Respuesta — Estamos sin esa ley; pero eso no indica que estamos sin ninguna ley, porque Dios ha establecido otra ley en su lugar, la ley de la fe; y todos estamos bajo esta ley para con Dios y Cristo. Tanto nuestro Creador como nuestro Redentor exigen que la observemos.

El Amor Es el Cumplimiento de la Ley

4. *Pregunta* — ¿Es el amor el cumplimiento de esta ley?

Respuesta — Indudablemente que sí. Toda la ley, bajo la cual ahora estamos, se cumple en el amor: Romanos 13:9-10. La fe que obra animada por el amor es todo cuanto Dios exige del hombre, pues El ha reemplazado la perfección angelical por el amor.

5. *Pregunta* — ¿Por qué es el amor "el propósito de este mandamiento"? 1 Timoteo 1:5.

Respuesta — Porque es el fin de cada mandamiento de Dios. Pues es el centro al que se dirige todo y cada parte de la institución cristiana. Su fundamento es la fe, purificando el corazón; el fin es el amor, preservando una buena conciencia.

6. *Pregunta* — ¿Qué amor es este?

Respuesta — El amar al Señor nuestro Dios con todo nuestro corazón, nuestra mente, alma y fuerza; y el amar a nuestro prójimo como a nosotros mismos, como a nuestras propias almas.

7. *Pregunta* — ¿Cuáles son los frutos o propiedades de este amor?

Respuesta — San Pablo nos los muestra con claridad en 1 Corintios 13. El amor es "sufrido". Sufre todas las debilidades de los hijos de Dios, todas las perversidades de los hijos del mundo; y no por poco tiempo solamente, sino por el tiempo que a Dios le plazca. En todo ve la mano de Dios, y voluntariamente se somete a ella. Es al mismo tiempo "benigno". En medio de todo, y a pesar de todo lo que sufre, es suave, manso, tierno y benigno. "El amor no tiene envidia", excluye toda clase y grado de envidia del corazón; "el amor ... no hace nada indebido", ni con violencia, ni con dureza, ni juzga severa o imprudentemente; "no es jactancioso", no es altanero, no hace sinrazón; "no busca lo suyo", es decir, su placer, honra, comodidad o ganancia; "no se irrita", excluye del corazón toda ira; "no guarda rencor", echa fuera toda tendencia celosa, sospechas, e inclinación a creer lo malo; "no se goza de la injusticia", llora por el pecado o las imprudencias de su enemigo más acérrimo; "mas se goza de la verdad", de la santidad y felicidad que cada persona pueda disfrutar. El amor cubre todas las cosas, no habla mal de nadie; "todo lo cree", todo lo que tiende a elevar el carácter de otro. "Todo lo espera", todo cuanto puede disminuir las faltas que no pueden negarse; y "todo lo soporta", todo lo que Dios puede permitir, o pueden los hombres o diablos infligir. Esta es "la ley de Cristo", la perfecta ley", "la ley de libertad".

Y esta distinción entre la "ley de la fe" (o amor) y la "ley de las obras", no es ni inútil, ni innecesaria. Es sencilla, fácil e inteligible a cualquiera que tenga sentido común. Y es absolutamente necesaria para evitar mil dudas y temores, aun en aquellos que "andan en amor".

8. *Pregunta* — Pero, ¿no es verdad que "todos ofendemos muchas veces", y el mejor de nosotros viola esta ley?

Respuesta — En un sentido no lo hacemos, mientras nuestro genio, pensamientos, palabras y obras emanen del amor. Pero en otro sentido lo hacemos, y lo haremos, más o menos, mientras vivamos. Porque ni el amor, ni la unción del Espíritu Santo nos hace infalibles. Por lo tanto, debido a inevitables deficiencias de nuestro entendimiento, no podemos menos que equivocarnos en algunas cosas. Y estos errores frecuentemente ocasionarán males, tanto en nuestro genio, como en nuestras palabras y acciones. Por estar equivocados con respecto al carácter de una persona, podemos llegar a amarla menos de lo que realmente merece. Y debido a esa misma equivocación, somos inevitablemente guiados a hablar o proceder con respecto a esa persona de una manera contraria a esta ley.

La Expiación Es Necesaria

9. *Pregunta* — De lo expuesto, entonces, ¿quiere decir que no necesitamos más a Cristo?

Respuesta — El más santo de los hombres necesita aun a Cristo como su profeta, como "la luz del mundo". Porque El no les da luz sino de momento a momento desde el instante en que El se retira de nosotros, todo es tinieblas. Necesitan aún a Cristo como su Rey, pues Dios no les da un depósito de santidad. De no recibir una provisión de santidad a cada instante, no quedaría otra cosa que impureza. Necesitan aún a Cristo como su sacerdote, para presentar por medio de El, lo santo y consagrado de ellos a Dios. Aun la santidad perfecta es sólo aceptable a Dios por medio de Jesucristo.

10. *Pregunta* — ¿No puede entonces el mejor de los hombres adoptar la confesión del mártir moribundo que dijo: "No soy en mí mismo otra cosa sino pecado, tinieblas e infierno; pero Tú eres mi luz, mi santidad, mi cielo"?

Respuesta — No exactamente. Pero el mejor de los hombres puede decir: "Tú eres mi luz, mi santidad, mi cielo. Por mi unión contigo, estoy lleno de luz, santidad, y felicidad. Pero si fuese abandonado a mi propio ser, nada sería sino pecado, tinieblas e infierno."

Además digo que el mejor de los hombres necesita a Cristo como su sacerdote, su expiación y su abogado para con el Padre, no sólo porque la continuación de todas sus bendiciones depende de su muerte e intercesión, sino debido a su impotencia de llenar todos los requisitos de la ley del amor. Todo ser viviente es impotente para llenarlos. Vosotros que sentís todo el amor, comparaos con la descripción precedente. Pesaos en esta balanza, y ved si no estáis faltos en muchos detalles.

11. *Pregunta* — Pero si todo eso es compatible con la perfección cristiana, luego esa perfección no es libertad de todo pecado, siendo que el pecado es la transgresión de la ley, y los perfectos en amor violan la ley bajo la cual están. Además, necesitan la expiación de Cristo; y El no expía otra cosa sino el pecado. ¿Es correcto entonces usar el término "perfección sin pecado"?

Respuesta — No vale la pena discutir sobre ello. Pero observad en qué sentido necesitan las personas en referencia la expiación de Cristo. Ellos no la necesitan para reconciliarse nuevamente con Dios, porque están ya reconciliados. No la necesitan para restaurar el favor de Dios, sino para continuarlo. El no consigue el perdón para ellos de nuevo, sino vive "siempre para interceder por ellos". Y "con una sola ofrenda ha perfeccionado para siempre a los que son santificados" (Hebreos 10:14, V. M.).

Por no considerar debidamente esto, algunos niegan que necesitan la expiación de Cristo. Son en verdad pocos los que así piensan; no recuerdo haber encontrado cinco de éstos en Inglaterra. De las dos, yo preferiría dejar la perfección cristiana más que la expiación de Cristo, pero no tenemos que dejar ni la una ni la otra. La perfección que yo retengo, el amor que se regocija siempre, la oración sin cesar, y la acción de gracias en todo, es compatible con la otra. Si alguno conserva una perfección que no llena este ideal, debe examinarla.

12. *Pregunta* — ¿Son entonces la perfección cristiana y la sinceridad sinónimas?

Respuesta — Sí, si con el término *sinceridad* queréis decir el amor inundando el corazón, expulsando el orgullo, la ira, el mal deseo, y la obstinación; estar siempre gozosos, orar sin cesar y dar gracias en todo. Pero dudo que muchos usen el término *sinceridad* en este sentido. Por lo tanto creo que el término antiguo es mejor.

Una persona puede ser sincera conservando aún su carácter natural; su orgullo, ira, concupiscencia y obstinación. Pero no es perfecta hasta que su corazón haya sido limpiado de todas estas y otras corrupciones.

Para aclarar más este punto diré lo siguiente: Conozco a muchos que aman a Dios con todo su corazón. El es su único deseo, su único deleite, y ellos son continuamente felices en El. Aman a su prójimo como a sí mismos. Sienten un deseo sincero, ferviente, y constante por la felicidad de todos los hombres, buenos o malos, amigos o enemigos, como si fuera su propia felicidad. Están siempre gozosos, oran sin cesar y en todo dan gracias. Sus almas están continuamente elevándose hacia Dios en santo gozo, oración y alabanza. Esto es un hecho, porque es una experiencia clara, sana y bíblica.

Pero estas almas moran aún en un cuerpo quebrantado, y por lo mismo están a veces tan oprimidas que no pueden siempre ejercitarse como desean, pensando, hablando, procediendo con justa precisión. Por falta de mejores facultades, a veces piensan, hablan, o proceden mal; no, de veras, por falta de amor, sino por carecer de sabiduría. Y cuando éste sea el caso, a pesar de estas deficiencias y sus consecuencias, cumplen la ley del amor.

Sin embargo, como no hay una plena conformidad a la ley perfecta aun en este caso, por lo tanto aun los más perfectos, por esta misma razón, necesitan la sangre expiatoria, y pueden decir tanto para sus hermanos como para sí mismos: "Perdónanos nuestras deudas."

13. *Pregunta* — Pero si Cristo ha puesto fin a esa ley, ¿qué necesidad hay de expiación por la violación de ella?

Respuesta — Observad en qué sentido Cristo ha puesto fin a ella, y desaparecerá la dificultad. Si no fuera por el mérito permanente de su muerte, y por su continua intercesión por nosotros, esa ley nos condenaría aún. Por lo tanto necesitamos la expiación por cada transgresión de ella.

La Santidad no Excluye la Tentación

14. *Pregunta* — Pero, ¿puede uno que está salvo del pecado ser tentado?

Respuesta — Sí, puesto que Cristo no hizo pecado y sin embargo fue tentado.

15. *Pregunta* — Lo que usted llama tentación, yo lo llamo corrupción de mi corazón. Y, ¿cómo distingue usted la una de la otra?

Respuesta — En algunos casos es imposible distinguirlas sin la intervención directa del Espíritu. Pero generalmente podemos distinguirlas de este modo:

Alguien me elogia. Así se me presenta la tentación del orgullo. Pero inmediatamente mi alma se humilla delante de Dios, y no siento orgullo. Estoy tan seguro de esto como estoy seguro de que el orgullo no es humildad.

Un hombre me abofetea. Así me viene la tentación

de encolerizarme. Pero mi corazón rebosa de amor. No siento ninguna cólera. Estoy tan seguro de esto como estoy seguro de que el amor y la ira son antagónicos.

Me solicita una mujer, presentándoseme así la tentación a la sensualidad. Pero al instante huyo de la tentación y estoy tan seguro de no sentir deseos lascivos como lo estoy de que mi mano está fría o caliente.

Así sucede si uno es tentado por un objeto presente, y es lo mismo cuando el objeto está ausente; el diablo trae a nuestra mente un elogio, una injuria o una mujer. Al instante, el alma rechaza la tentación y permanece llena de amor puro.

Y la diferencia es aún más patente cuando comparo mi presente estado con mi pasado, en el cual sentía la tentación y también la corrupción.

Cómo Sabemos que Estamos Santificados

16. *Pregunta* — Pero, ¿cómo es que uno llega a saber que está santificado, a salvo de la corrupción innata?

Respuesta — No se puede saber por otro modo sino por el mismo por el cual sabemos que somos justificados. "... Y en esto sabemos que él permanece en nosotros, por el Espíritu que nos ha dado" (1 Juan 3:24).

Lo sabemos por el testimonio y los frutos del Espíritu. Primero, por su testimonio. Como, cuando fuimos justificados, el Espíritu dio testimonio a nuestro espíritu de que nuestros pecados eran perdonados, así cuando fuimos santificados El dio testimonio de que eran quitados. Es verdad que el testimonio de la santificación no es siempre claro al principio (como tampoco el de la justificación); a veces es más fuerte y otras veces más débil, y aun llega a retirarse. Sin embargo, generalmente el testimonio del

Espíritu de que somos santificados es tan claro y firme como el testimonio de la justificación.

17. *Pregunta* — Pero, ¿qué necesidad hay de ello, siendo la santificación un cambio real, y no relativo como lo es la justificación?

Respuesta — Pero, ¿es el nuevo nacimiento sólo un cambio relativo? ¿No es un cambio real? Por lo tanto, si no necesitamos testimonio de nuestra santificación, puesto que es un cambio verdadero, por la misma razón no debemos necesitar uno de que hemos nacido de Dios, o de que somos sus hijos.

18. *Pregunta* — Pero, ¿no tiene la santificación su propio brillo?

Respuesta — ¿No lo tiene también el nuevo nacimiento? A veces sí, a veces no, igual que la santificación. En la hora de la tentación Satán nubla la obra de Dios, e inculca varias dudas especialmente en aquellos que tienen o mucho o muy poco entendimiento. En tales ocasiones hay absoluta necesidad de este testimonio; sin él, la obra de santificación no sólo no pudiera ser discernida sino que ni pudiera permanecer.

Si no fuera por esto, el alma no podría continuar en el amor de Dios; mucho menos podría estar siempre gozosa y dar gracias en todo. En estas circunstancias pues, es necesario un testimonio directo de que somos santificados.

Alguien dice: "Pero, no tengo el testimonio de que soy salvo del pecado, y sin embargo no tengo duda de ello." Muy bien; el no tener duda basta; pero cuando aparezca la duda entonces hay necesidad del testimonio.

Prueba Bíblica del Testimonio del Espíritu a la Santificación

19. *Pregunta* — Pero, ¿qué cita de las Escrituras menciona tal cosa o da alguna razón para esperarlo?

Respuesta — Aquella cita que dice: "Y nosotros no hemos recibido el espíritu del mundo, sino el Espíritu que proviene de Dios, para que sepamos lo que Dios nos ha concedido" (1 Corintios 2:12).

Ahora bien, sin duda alguna, la santificación es una de las bendiciones "que Dios nos ha concedido". No se puede especificar ninguna razón por la que esto no deba esperarse. El Apóstol dice que recibimos el Espíritu precisamente para este fin, para que "conozcamos lo que Dios nos ha concedido".

¿No indica la misma cosa el bien conocido pasaje que dice: "El Espíritu mismo da testimonio a nuestro espíritu, de que somos hijos de Dios"? (Romanos 8:16). ¿Testifica el Espíritu esto solamente a aquellos que son hijos de Dios en grado menor? No solamente a éstos, sino también a los que son en grado superior. Y, ¿no testifica el Espíritu que los tales lo son en un sentido más alto? ¿Qué razón tenemos para dudarlo?

Y, ¿qué, si un hombre afirmara (como hacen muchos) que este testimonio corresponde sólo a la clase espiritual más alta de cristianos? ¿No le contestaríais que el Apóstol no ha hecho restricción y por lo tanto pertenece indudablemente a todos los hijos de Dios? Y, ¿no se puede dar la misma respuesta al que afirma que corresponde únicamente a la clase menos espiritual de cristianos?

Considerad igualmente 1 Juan 5:19: "Sabemos que somos de Dios." ¿Cómo lo sabemos? "Por el Espíritu que nos ha dado" (1 Juan 3:24). De este modo "sabemos que él permanece en nosotros". ¿Qué base tenemos, o de las Escrituras o por el razonamiento, para decir que el Apóstol no se refirió tanto al testimonio como al fruto del Espíritu Santo en estos versículos? (1 Corintios 2:12). Por este medio entonces "sabemos que somos de Dios", y en qué sentido lo somos; ya seamos niños, jóvenes o padres, lo sabemos del mismo modo.

No quiero afirmar que todos los jóvenes y aun los padres tienen a cada momento este testimonio. Pueden haber interrupciones del testimonio directo de que han nacido de Dios; pero estas interrupciones son menos frecuentes y más cortas en tanto que el individuo va creciendo en Cristo. Algunos llegan a tener el testimonio de su justificación y santificación sin ninguna interrupción, experiencia que presumo pudieran tener muchos más, si anduvieran más humildemente con Dios.

20. *Pregunta* — ¿No puede suceder que algunos tengan el testimonio del Espíritu de que no caerán para siemre de la gracia de Dios?

Respuesta — Puede suceder. Y esta persuasión, que ni la vida, ni la muerte nos separará de El, lejos de ser perjudicial, puede en algunas circunstancias ser extremadamente útil. A esos, por lo tanto, no debemos en ningún modo afligir, sino sinceramente animarles a retener firme su confianza hasta el fin (Hebreos 3:6).

21. *Pregunta* — Pero, ¿hay quien tenga el testimonio del Espíritu de que nunca pecará?

Respuesta — Hasta donde sabemos, no. Además, no encontramos descrito en las Escrituras ningún estado general del cual el hombre no puede volver a pecar. Si hubiera algún estado del cual fuera imposible volver a pecar, sería el estado de los santificados, quienes son ya maduros en Cristo, quienes están siempre gozosos, oran sin cesar y en todo dan gracias; pero no es imposible que éstos vuelvan atrás. Aun los santificados pueden caer y perecer (Hebreos 10:29). Aun éstos, llenos del amor de Cristo necesitan aquella amonestación: "No améis al mundo" (1 Juan 2:15). Aquellos que se regocijan, oran y dan gracias sin cesar, pueden, no obstante, apagar "al Espíritu" (1 Tesalonicenses 5:19, etc.). Aun aquellos que están "sellados para el día de la redención" pueden contristar "al Espíritu Santo" (Efesios 4:30).

De modo que, aunque Dios diera tal testimonio a alguna persona en particular, no debe ser esperado por los cristianos en general, no habiendo ninguna base bíblica para semejante esperanza.

El Fruto del Espíritu en la Santificación

22. *Pregunta* — ¿Por cuáles "frutos del Espíritu" podemos saber con certeza que somos hijos de Dios?

Respuesta — Por medio del amor, gozo, y paz permanentes; por medio de la tolerancia invariable, paciencia, y resignación; por medio de la mansedumbre triunfante sobre toda provocación; por medio de la bondad, benignidad, dulzura, y ternura de espíritu; por medio de la fidelidad, la sencillez y piadosa sinceridad; por medio de la calma y serenidad de espíritu; por medio de la temperancia, no sólo en el comer y el dormir, sino en todas las cosas naturales y espirituales.

23. *Pregunta* — Pero, ¿qué gran cosa hay en eso? ¿No recibimos todo eso al ser justificados?

Respuesta — ¡Qué dice! ¿Que recibimos completa resignación a la voluntad de Dios, sin mezcla de obstinación? ¿Mansedumbre, sin ninguna chispa de ira, aún en el momento de provocación? ¿Amor a Dios, sin el menor amor por la criatura, sino en y por Dios, excluyendo todo orgullo? ¿Amor a la humanidad, excluyendo toda envidia, celos, y juicio imprudente? ¿Humildad, conservando el alma bajo una calma inviolable? ¿Y templanza en todas las cosas? Niegue que alguno haya alcanzado esto, si usted quiere; pero no diga que todos los justificados lo alcanzan.

Los Justificados Sienten Ira, Orgullo, y Obstinación

24. *Pregunta* — Pero algunos recién justificados lo alcanzan. ¿Qué les dirá entonces a ellos?

Respuesta — Si realmente lo han alcanzado, diré que están santificados; salvos de pecado en ese momento, y que no necesitan nunca perder lo que Dios les ha dado, ni sentir más el pecado.

Pero esto seguramente sería un caso excepcional. Ocurre lo contrario con la mayoría de los justificados; sienten en sí algo de orgullo, ira, obstinación e inclinación a desviarse; y, hasta no amortiguar gradualmente éstos, no son completamente renovados en amor.

25. *Pregunta* — Pero, ¿no es éste el caso de todos los justificados? ¿No mueren gradualmente al pecado y crecen en la gracia, hasta que en la hora de la muerte, o poco antes, Dios los perfecciona en el amor?

Respuesta — Creo que éste es el caso de la mayoría, pero no de todos. Dios generalmente da un tiempo considerable a los hombres para recibir luz, crecer en gracia, y hacer su voluntad aun cuando esté en pugna con la voluntad de la carne, antes de ser justificados o santificados; pero El no se adhiere invariablemente a este método; a veces acorta su trabajo, haciendo el trabajo de varios años en pocas semanas, tal vez en una semana, un día o una hora. Dios justifica o santifica de igual modo a los que no han hecho o sufrido nada, y quienes no han tenido tiempo para experimentar un crecimiento gradual ni en luz ni en gracia. ¿No puede El hacer lo que le plazca con lo suyo? ¿Es tu ojo malo porque El es bueno? (Mateo 20:15).

No es necesario, pues, afirmar vez tras vez, ni probar por cuarenta textos bíblicos, que la mayoría de los hombres son al fin perfeccionados en amor, que hay una obra gradual de Dios en el alma, o que generalmente hablando, corre mucho tiempo, aun varios años, antes de que el pecado sea destruido. Sabemos todo esto; pero sabemos también, que Dios puede, con la buena voluntad del hombre, acortar su trabajo en cualquier grado que le plazca, y hacer el trabajo de varios años en un momento. El lo hace en muchos casos; y todavía queda una obra gradual, antes y después de este momento. Así que uno puede afirmar que el trabajo es gradual; otro, que es instantáneo, sin haber contradicción.

26. *Pregunta* — ¿Quiere San Pablo decir con la frase "sellado con el Espíritu" algo más de ser "renovado en amor"?

Respuesta — Tal vez en un lugar (2 Corintios 1:22), no quiere decir tanto; pero en otro (Efesios 1:13), él parece incluir tanto el fruto, como el testimonio; y esto es un grado más alto aún de ése que experimentamos cuando por primera vez somos "renovados en amor". Dios nos selló con el Espíritu de la promesa, dándonos una plena seguridad de esperanza, es decir, la seguridad de recibir todas las promesas de Dios que excluye toda posibilidad de duda; nos selló con ese Santo Espíritu, por santidad universal, y grabó la verdadera imagen de Dios en nuestros corazones.

27. *Pregunta* — Pero, ¿cómo pueden los que así son sellados contristar "al Santo Espíritu de Dios"?

Respuesta — San Pablo contesta esta pregunta muy particularmente, dando a conocer que se puede contristar al Espíritu: 1. Por conversaciones ociosas, que no son útiles para la edificación, ni aptas para ministrar gracia a los oyentes. 2. Por entregarse a la amargura o falta de caridad. 3. Por la ira, continuo descontento, o falta de ternura de corazón. 4. Por la cólera, no importa cuán pronto pase; por no perdonarse instantáneamente el uno al otro. 5. Por alborotos, clamor, dureza y altanería en el hablar. 6. Por hablar mal, chismear, pelear e innecesariamente mencionar las faltas de una persona ausente, aun cuando sea de una manera benigna.

Cómo Veía Wesley a los de Londres que Fueron Santificados

28. *Pregunta* — ¿Qué opina usted con respecto a los creyentes en Londres que parecen haber sido recientemente "renovados en amor"?[1]

---

[1] En el año 1763, en la sociedad en Londres, entre trescientas y cuatrocientas personas testificaron el haber sido hechas perfectas en amor.

Respuesta — Hay algo muy peculiar en la experiencia de la mayoría de ellos. Uno esperaría que un creyente fuera primero lleno de amor y por ende vacío del pecado; pero éstos fueron descargados primero del pecado y luego llenos de amor. Tal vez le plugo a Dios proceder de esa manera, para hacer más clara e innegable su obra; y para distinguirlo mejor de esa superabundancia de amor que a menudo se siente aun en un estado de justificación.

Además concuerdan con la gran promesa: ". . . seréis limpiados de todas vuestras inmundicias . . . y os daré un corazón nuevo, y pondré espíritu nuevo dentro de vosotros . . ." (Ezequiel 36:25, 26).

Pero no pienso del mismo modo de todos; hay una gran diferencia entre algunos de ellos. Creo que la mayoría de aquellos con quienes he hablado tienen fe, amor, gozo y paz. Creo que de éstos, algunos han sido renovados en amor, y tienen el testimonio directo de ello; y manifiestan los frutos arriba descritos, en todas sus palabras y acciones. Ahora, dejad que llamen esto como les plazca. Yo lo llamo la perfección cristiana.

Pero hay algunos que tienen mucho amor, paz y gozo, y sin embargo no tienen el testimonio de esta perfección, mientras que a otros que piensan que lo tienen, les faltan manifiestamente los frutos. Cuántos, no lo sé; tal vez uno en cada diez; tal vez más, quizás menos. Pero a algunos innegablemente les hace falta la resignación cristiana. No ven la mano de Dios en todo lo que ocurre, para aceptarla alegremente. No están siempre gozosos; ni dan gracias en todo. No son felices, o al menos, no lo están siempre, porque a veces se quejan diciendo, "¡Esto, o lo otro, es muy duro!"

A algunos les hace falta más mansedumbre. Ofrecen resistencia al malo, en lugar de presentar la otra mejilla. No reciben el vituperio con humildad; no, ni aun la reprensión. No pueden soportar la contradicción, sin por lo menos dar la apariencia de enojo. Si son reprendidos o se les contradice, aunque con benignidad, no lo aceptan bien; son más reservados y huraños que antes. Si se les opone o reprende ásperamente, contestan con aspereza, en voz alta, con tono enojado, y de manera cortante e insolente. Hablan con aspereza y acritud al reprender a otros; y se portan despectivamente con sus inferiores.

A algunos les hace falta bondad. No son benignos, mansos, dulces, amables, y amorosos en todo tiempo, ni en su espíritu, palabras, miradas, en fin, en toda su conducta. Y así son con todos, nobles o plebeyos, ricos y pobres, sin acepción de personas, particularmente a los que no están en el camino, a sus opositores, y a los de su propia casa. No tratan ni se esfuerzan por hacer felices a todos los que les rodean. Pueden verlos angustiados, y no les importa, tal vez siendo ellos mismos la causa de la intranquilidad; pero se lavan las manos y dicen: "Ellos merecen lo que les está pasando, pues tienen la culpa."

A otros les hace falta fidelidad, veracidad, sencillez y piadosa sinceridad. Su amor casi siempre es una hipocresía; se nota algo como de engaño en su boca. Para evitar asperezas, se van al otro extremo. Son excesivamente afables hasta el servilismo, o aparentan lo que no sienten.

En otros no abunda la humildad, la tranquilidad de espíritu, compostura, uniformidad de carácter. Son como un subeibaja, algunas veces arriba, otras veces abajo;

no tienen sus mentes bien equilibradas. Sus afectos o no están en debida proporción, (tienen demasiado de uno y muy poco de otro), o no están debidamente ligados, para así contrapesar el uno con el otro. Por lo tanto hay choques a menudo. Sus almas desentonadas no pueden tener la verdadera armonía.

La templanza les hace falta a otros. No usan continuamente la clase y grado de comida que saben, o debían saber, es para el mayor bien de su salud, fuerza, y vigor del cuerpo. Son intemperantes en el sueño; no se adhieren rigurosamente a lo que es mejor para sus cuerpos y mentes. De otro modo se acostumbrarían a ir a la cama y a levantarse temprano, y a una hora fija. Cenan tarde, lo cual no es bueno, ni para el cuerpo ni para el alma. No usan ni el ayuno ni la abstinencia. Prefieren la predicación, lectura, o conversación que les dé un gozo momentáneo, en lugar de aquella que produce piadosa tristeza, o trae instrucción en justicia. Estas son varias formas de intemperancia. Un goce tal no es santificado; no tiende a la crucifixión del corazón ni tiene su fin en ella. Tal fe no se centraliza en Dios, sino en sí misma.

Hasta aquí todo está claro. Creo que tenéis fe, amor, gozo y paz. Sin embargo, vosotros que estáis preocupados, os dáis cuenta, cada uno de que deberíais estar más llenos de los puntos arriba mencionados. O bien, os hace falta más paciencia, o bondad, o fidelidad, mansedumbre o templanza. Entonces no contendamos sobre palabras; en el punto importante estamos de acuerdo.

No tenéis lo que yo llamo la perfección cristiana. Sin embargo, retened lo que tenéis, y orad sinceramente por lo que os falta.

Los Perfeccionados en Amor Pueden Crecer en Gracia o Caer de la Gracia

29. *Pregunta* — ¿Pueden los que son perfectos en amor crecer en gracia?

Respuesta — Indudablemente que sí; y no sólo mientras están en el cuerpo, sino por toda la eternidad.

30. *Pregunta* — ¿Pueden caer de este estado?

Respuesta — Estoy seguro que pueden caer; los hechos lo han comprobado sin lugar a dudas. Anteriormente, pensábamos que uno que ha sido salvado del pecado no podía caer; ahora sabemos que no es así. Abundan ejemplos de aquellos que tenían tanto los frutos, como el testimonio del Espíritu, pero que ahora han perdido ambos. No hay tal nivel o estado de santidad del cual no sea posible caer. Si hay algunos que creen que no pueden caer, deben tener presente que eso depende enteramente de la fidelidad y promesa de Dios, y no de sus propios méritos.

31. *Pregunta* — ¿Pueden los que caen de este estado recobrarlo?

Respuesta — ¿Por qué no? Sabemos de algunos casos. No es imposible que una persona lo pierda más de una vez, antes de ser establecida en él. Es, por lo tanto, para guardar de toda ocasión de tropezar, a los que son salvos del pecado, que doy los consejos que siguen:

Consejos a los Santificados

32. *Pregunta* — ¿Cuál es el primer consejo que les daría a ellos?

Respuesta — Velad y orad continuamente contra el orgullo. Si Dios lo ha echado fuera, procurad que no vuelva a entrar, porque es tan peligroso como el deseo pecaminoso. Es posible deslizarse nuevamente en él, especialmente si uno piensa que esto no es posible. "Pero", dice alguno, "todo cuanto tengo lo atribuyo a Dios." Puede ser, y sin embargo, ser orgulloso. Porque es orgulloso no sólo el atribuir a nosotros mismos algo que poseemos, mas lo es también el pensar que tenemos lo que realmente no tenemos. El señor L., por ejemplo, atribuyó a Dios toda la luz que tenía, y hasta ahí era humilde; pero él pensaba que tenía más luz que cualquier otro hombre, y esto ya era orgullo manifiesto.

Así que se puede atribuir a Dios toda la sabiduría que uno tenga, y ser en ese sentido humilde. Pero el pensar que tenemos más de lo que realmente tenemos, o pensar que uno ha sido de tal manera enseñado por Dios, que ya no necesita ser enseñado por ningún hombre, es el orgullo en la misma puerta. Sí, necesitáis ser enseñados, no sólo por el señor Morgan, o el señor Maxfield o por mí, sino también por el predicador más humilde que haya en Londres, porque Dios envía a quien le place.

Por lo tanto, no digáis a alguien que os aconseja o reprende: "Estáis ciego; no podéis enseñarme." Ni tampoco digáis: "Esta es vuestra sabiduría, vuestra razón carnal"; sino que, con calma, pensad el asunto ante el Señor.

Recordad siempre que mucha gracia no significa mucha luz. Estas dos no siempre van juntas. Así como puede haber mucha luz donde hay muy poco amor, también puede haber mucho amor donde hay poca luz. El corazón tiene más calor que el ojo, y sin embargo no puede ver. Dios ha ligado los miembros del cuerpo, de modo que ninguno diga al otro, "No te he menester".

El imaginaros que nadie sino los salvos del pecado pueden enseñaros, es un error muy grande y peligroso.

No deis lugar a esta idea ni por un momento, porque os conducirá irrevocablemente a otros mil errores. El derecho a dominar no tiene su fundamento en la gracia, como opinaban algunos fanáticos de otras épocas. Obedeced y atended a los que están puestos sobre vosotros en el Señor, y no penséis que sabéis más que ellos. Reconoced el lugar que les corresponde a éstos, y también el vuestro, recordando siempre que mucho amor no significa mucha luz.

El no observar esto ha llevado a algunos a cometer muchos errores y a dar por lo menos evidencias de orgullo. ¡Huid de la apariencia y del orgullo mismo! Que haya en vosotros la mente humilde que hubo en Cristo Jesús. Y sed también vestidos de humildad. Que ésta no sólo os llene, sino que os cubra completamente. Que la modestia y la sencillez adornen todas vuestras palabras y acciones, mostrando que os consideráis pequeños, bajos y viles en vuestros propios ojos.

Para lograr este fin, estad siempre listos a reconocer cualquier falta que hayáis cometido. Si en algún tiempo habéis pensado, hablado o procedido mal, no os detengáis de confesarlo. Nunca penséis que el confesarlo hará daño a la causa de Dios; al contrario, la adelantará. Sed pues sinceros y francos cuando estéis oprimidos por algún motivo. No procuréis evadirlo y disfrazarlo; sino dejad que aparezca tal como es, y así no estorbaréis sino que adelantaréis el evangelio.

33. *Pregunta* — ¿Cuál es el segundo consejo que les daría usted?

Respuesta — Que huyan de esa hija del orgullo llamado el fanatismo. Que se conserven a la mayor distancia posible de ella, no dando lugar a la vehemencia de la imaginación, ni atribuyendo precipitadamente las cosas a

Dios. No supongáis a primera vista que los sueños, voces, impresiones, visiones o revelaciones son de Dios. Puede que vengan de El, como pueden también venir de la naturaleza. Pueden venir del diablo. Por lo tanto, "no creáis a todo espíritu, sino probad los espíritus si son de Dios". Examinad todas las cosas por la Palabra de Dios, y dejad que todo se postre ante ella. Estáis en peligro de ser víctimas del fanatismo a cada momento, si os apartáis en lo más mínimo de las Escrituras, o del literal y sencillo significado de un texto, si no lo tomáis en conexión con el contexto. Estáis también en el mismo peligro si despreciáis, o estimáis en poco la razón, sabiduría o conocimientos humanos; cada uno de los cuales es un excelente don de Dios, y puede servir para los más nobles fines.

Os aconsejo pues, que nunca uséis a manera de reproche las palabras *sabiduría, razón* e *inteligencia*. Al contrario rogad para que vosotros mismos abundéis en ellas más y más. Si os referís a sabiduría mundanal, conocimientos inútiles y razonamientos falsos, explicadlo claramente; botad la paja, pero conservad el trigo.

Uno de los pasos que conduce al fanatismo es el de esperar obtener el fin sin los debidos medios; por ejemplo, el esperar conocimiento sin escudriñar las Escrituras y consultar a los hijos de Dios; el esperar bendiciones sin oír la palabra de Dios cuantas veces se presente la oportunidad.

Algunos por ignorancia no han descubierto este engaño de Satanás y han dejado de escudriñar las Escrituras, diciendo: "Dios escribe todas las Escrituras sobre mi corazón; por tanto no tengo necesidad de leerlas." Otros han creído que no tienen necesidad de oírlas, y por esto no asisten a los cultos de predicación. ¡Estad alerta, vosotros que estáis en esta condición! ¡Habéis escuchado la voz de un extraño! Volved a Cristo, y seguid en la vieja y buena senda "que ha sido una vez dada a los santos"; y de la cual dio testimonio un pagano diciendo: "Los cristianos levantábanse temprano todas las mañanas para cantar himnos a Cristo como Dios."

El vivo deseo de crecer en gracia puede a veces dar lugar al fanatismo. Como continuamente nos lleva a buscar nueva gracia, puede conducirnos inadvertidamente a buscar alguna otra cosa nueva además de nuevos grados de amor para Dios y nuestros semejantes. Por esto algunos se han empeñado en creer que han recibido nuevos dones además de un corazón nuevo, como: 1. El amar a Dios con toda nuestra mente; 2. con toda nuestra alma; 3. con todas nuestras fuerzas; 4. unidad con Dios; 5. unidad con Cristo; 6. tener nuestra vida escondida con Cristo en Dios; 7. ser muerto con Cristo; 8. haber resucitado con El; 9. el sentarse con El en lugares celestiales; 10. el ser elevado su trono; 11. el estar en la nueva Jerusalén; 12. el ver el tabernáculo de Dios bajar entre los hombres; 13. el ser muerto a toda obra; 14. el no estar expuesto a muerte, dolor, pena o tentación.

Una de las causas de muchos de estos errores estriba en el hecho de la forzada aplicación al corazón de cualquiera de estas escrituras, y de considerarlas después como un nuevo don; ignorando que muchos de estos textos no han sido cumplidos aún, y que la mayoría de los otros se cumplirán cuando seamos justificados, y el resto en el momento de ser santificados. Sólo nos resta experimentarlos en un mayor grado, esto es lo que deseamos.

Otra de las causas de estos y mil otros errores es la falta de considerar profundamente que el amor es el don más sublime de Dios: el amor humilde, benigno y paciente; el olvidar que todas las visiones, revelaciones y manifestaciones de todas clases son muy pequeñas comparadas con el amor; y olvidar que todos los dones ya mencionados son iguales, o infinitamente inferiores a este don.

Es bueno que estéis completamente al corriente de esto; lo que hace al cielo ser un cielo es el amor. Nada hay más noble en la religión; no hay, en efecto, otra cosa; si buscáis otra cosa aparte del amor, estáis buscando lejos del blanco; estáis desviándoos del camino real. Y cuando preguntareis a otros, "¿Habéis recibido esta u otra bendición?", si queréis decir algo que no sea más amor, estáis equivocados; estáis desviándolos del camino, poniéndolos sobre una senda falsa. Estableced pues en vuestros corazones esta verdad, que desde el momento que Dios os ha salvado de todo pecado, no debéis procurar obtener otra cosa, sino ese amor descrito en el capítulo trece de la Primera Carta a los Corintios. No podéis subir más alto, hasta que seáis llevados al seno de Abraham.

Os digo nuevamente, mucho cuidado con el fanatismo, tal como el imaginaros que tenéis el don de profecía, o el de discernimiento de espíritus, el cual no creo que ninguno de vosotros tenéis; ni habéis tenido. Guardaos de juzgar que los otros están bien o mal según vuestro propio juicio. Esta no es una manera bíblica de juzgar. ¡Ceñíos cuidadosamente "a la ley y al testimonio"! (Isaías 8:20).

34. *Pregunta* — ¿Cuál es el tercer consejo?

Respuesta — Guardaos del antinomianismo, es decir, de anular la ley o alguna parte de ella por la fe. El fanatismo naturalmente conduce a esto; en verdad, es difícil que estén separados. Esto puede introducirse clandestinamente en mil formas, así que uno debe velar continuamente contra ello. Tened cuidado con todo lo que tenga tendencia a esto, ya sea en principio o en práctica. Aun esa gran verdad de que "el fin de la ley es Cristo" puede seducirnos a cometer este error, si no consideramos que El ha aceptado cada punto de la ley moral, injertándolo en la ley del amor. Guardaos de pensar: "Porque estoy lleno de amor, no necesito tanta santidad. Porque oro siempre, no necesito apartar tiempo para orar en secreto. Como velo siempre, no necesito examinarme más." Todo lo contrario, magnifiquemos la ley, toda la palabra escrita, y engrandezcámosla (Isaías 42:21). Que nuestro dicho sea: " 'Por eso he amado tus mandamientos más que el oro, y más que oro muy puro' (Salmos 119:127). ¡Cuánto amo tu ley. Medito en ella todo el día!" Guardaos de los libros antinomianistas; particularmente de las obras del doctor Crisp y del señor Saltmarsh. Contienen muchas cosas excelentes; y esto los hace más peligrosos aún. Huid de ellos; no juguéis con fuego, no pongáis vuestras manos a la entrada de la cueva del basilisco.

Os encargo que os guardéis de la intolerancia. No concentréis vuestro amor solamente en los llamados *metodistas;* mucho menos en ese pequeño grupo de ellos que parecen estar renovados en amor, o en aquellos que creen en vuestro testimonio. ¡Que no sea ése vuestro Shiboleth! Guardaos de la inacción, dejando de hacer las obras que os corresponden. Mencionaré un caso entre muchos: "Usted recibe una gran bendición", dice alguno. "Pero empieza a jactarse y sentirse orgulloso por esto, y a hacer una cosa y otra; por eso la pierde. Usted debe reconocer que es un don de Dios y continuar siendo humilde."

Guardaos de vuestra propia indulgencia, haciendo de ella una virtud, y burlándoos de la abnegación, de tomar la cruz cada día, del ayuno o abstinencia. Rechazad el espíritu de censura, llamándoles ciegos, muertos, caídos, o enemigos de la obra, a los que en una u otra manera os hagan oposición, sea en juicio o en práctica. Una vez más os digo, guardaos de aquellos cuyo grito es sólo: "¡Creed, creed!" y a la vez critican como ignorantes o esclavos de la ley a los que hablan en un sentido más bíblico. Es verdad que en ciertas ocasiones es provechoso no tratar de otra cosa que del arrepentimiento, o solamente la fe o nada más que la santidad, pero, en sentido general, nuestra misión es declarar todo el consejo de Dios, y profetizar conforme a la medida de la fe. La Palabra escrita trata del ramo de justicia en todas sus partes, no omitiendo ni siquiera los puntos más mínimos, como el de ser sobrio, cortés, diligente, paciente, respetuoso con todos los hombres. Igualmente, el Espíritu Santo obra en nuestros corazones, no meramente creando deseos de sàntidad en general, mas inclinándonos fuertemente a cada gracia en particular, y guiándonos a poner por obra lo comprendido en las palabras "todo lo amable". De esta manera el Espíritu Santo nos dirige con la más absoluta propiedad, pues *la fe se perfeccionó por las obras* (Santiago 2:22). Así también podemos ver que la obra de la fe se fortalece o se destruye, y nuestro favor con Dios aumenta o mengua, según obedezcamos o no.

35. *Pregunta* — ¿Cuál es el cuarto consejo?

Respuesta — Guardaos del pecado de omisión; no perdáis ninguna oportunidad de hacer el bien. Sed celosos de buenas obras, no omitiendo voluntariamente ninguna obra, ya sea de piedad o de misericordia. Haced todo el bien posible para el cuerpo y alma de los hombres. Sed activos. No deis lugar a la indolencia o pereza; no deis lu-

gar a que se diga que sois ociosos. No hay duda que habrá
quienes lo digan a pesar de todo, pero proceded de tal manera que vuestro espíritu y comportamiento refuten la calumnia. Estad siempre ocupados, no perdáis ni un segundo de tiempo; aprovechad cada instante para que nada se
pierda. Haced con voluntad todo cuanto vuestras manos
encuentren para hacer. Sed lentos y prudentes al hablar.
"En las muchas palabras no falta pecado . . ." (Proverbios
10:19). No habléis ni mucho, ni largo rato a la vez. Pocos
son los que pueden conversar provechosamente más de una
hora. Conservaos a buena distancia de la charla inútil, y de
la chismografía religiosa.

36. *Pregunta* — ¿Cuál es el quinto consejo?

Respuesta — Que vuestro deseo sea Dios, y nada más
que Dios. Ahora no deseáis otra cosa. Todos los otros deseos han sido echados fuera; procurad que no entren nuevamente. "Guárdate puro" (1 Timoteo 5:22, V. M.) y que
vuestro ojo sea sincero, y ". . . todo su cuerpo estará lleno
de luz" (Mateo 6:22). No dejéis que os domine el deseo de
manjares exquisitos, u otro placer de los sentidos; como el
deseo de complacer al ojo, o a la imaginación con algo
grande, nuevo, o bello; como el amor al dinero, a la lisonja,
a la estimación, o la felicidad en cualquiera criatura. Es
posible tener estos deseos otra vez; pero no es necesario
sentirlos más. ¡Os encarezco que estéis firmes en la libertad con que Cristo os ha hecho libres!

Llevad vuestra cruz cada día y sed modelos de abnegación. Mostrad que no tenéis interés en ningún placer que
no os allega a Dios, ni os afligís por ningún dolor que
os acerca a El; que os proponéis sinceramente agradarle,
en todo tiempo y circunstancia; que el lenguaje constante
de vuestros corazones con respecto al placer o dolor, honor

o desprecio, riqueza o pobreza, sea este:

¡Todo me es igual, con tal que yo
En mi Señor pueda vivir y morir!

37. *Pregunta* — ¿Cuál es el sexto consejo?

Respuesta — Guardaos de los cismas, de hacer divisiones en la iglesia de Cristo. Aquella desunión interior de los hermanos, cuando éstos han dejado de amarse el uno al otro (1 Corintios 12:25), es la raíz de toda contención y separación exterior. Evitad todo lo que tienda a estas cosas. Guardaos del espíritu de división y cualquier cosa que se le asemeje. Por lo tanto no digáis: "Yo soy de Pablo; y yo de Apolos." Esto fue lo que ocasionó el cisma de la iglesia de Corinto. No digáis: "Este es mi predicador predilecto, el mejor del país. Dadme a éste y quitad todos los otros." Todo esto tiende a originar o fomentar la división, a desunir a los que Dios ha unido. No despreciéis o difaméis a ningún predicador; ni ensalcéis a uno más que a otro, no sea que le hagáis daño tanto a él como a la causa de Dios. No seáis muy severos con ninguno por causa de algunas incoherencias o inexactitudes de expresión, ni por errores, si fueran en verdad errores.

Si queréis evitar los cismas, observad toda la disciplina de la iglesia y de las agrupaciones por causa de la conciencia. Ni dejéis de asistir a los cultos, tanto privados como públicos. Ellos son las arterias de nuestra sociedad, y cualquier cosa que debilite o tienda a debilitar nuestro aprecio para las reuniones, o nuestra exactitud en asistir a ellas, corroe en la misma raíz a nuestra comunidad. Alguien ha dicho:

Las reuniones privadas durante la semana para la oración, examen y exhortación han sido el medio más grande de profundizar y confirmar todas las bendiciones recibidas por la palabra predicada, y de hacer saber a otros quienes no pudieron asistir al ministerio público de la palabra; de modo que sin esta conexión religiosa e intercambio, los más ardientes esfuerzos por la mera predicación han probado ser poco duraderos en sus efectos.

No abriguéis en vuestras mentes ni el más leve pensamiento de separaros de vuestros hermanos, sea que sus opiniones estén de acuerdo con la vuestra o no. No penséis ni un momento que uno peca por no recibir vuestro concepto, o porque piensa que esta o aquella opinión es esencial a la obra, y que ambas tienen que permanecer o caer juntas. No os impacientéis cuando se os contradice. No condenéis ni penséis mal de aquellos que no ven las cosas tal como vosotros las veis, o de quienes juzgan su deber el contradeciros, ya sea en cosa grande o pequeña. Temo que algunos de nosotros hemos pensado muy duramente de otros por el mero hecho de mostrarse en desacuerdo con lo que nosotros afirmamos. Todas estas cosas conducen a la división, y por medio de ejemplos de esta clase hacemos que se formen una mala opinión de nosotros mismos.

Guardaos de ser picajosos, de tener mal genio, de no soportar el ser reprendidos; de enojaros por cosillas, y de no tratar con quienes no reciben sin reserva las enseñanzas mías o de otro.

Esperad la contradicción y oposición, juntos con otras aflicciones de varias clases. Considerad las palabras de San Pablo: "Porque a vosotros os es concedido a causa de Cristo (como fruto de su muerte e intercesión por vosotros), no sólo que creáis en él, sino también que padezcáis por él" (Filipenses 1:29). ¡Os es dado! Dios permite esta oposición o reproche; es una nueva prueba de su amor. ¿Os atrevéis a negar al Dador, o a rechazar su dádiva y tomarla como una desgracia? ¿No debéis decir mejor: "Padre, la hora ha llegado para que seas glorificado. Tú has querido que yo sufra algo por ti; hágase conmigo según tu voluntad?" Sabed que estas cosas, lejos de ser impedimentos a la obra de Dios, o a vuestras almas, siempre que no sea vuestra culpa, no sólo son inevitables en el plan providencial, sino también provechosas y aún necesarias. Por lo tanto, recibidlas de la mano de Dios con buena voluntad y agradecimiento y no como fruto de la casualidad. Recibidlas de los hombres con humildad, mansedumbre, ternura y dulzura. ¿No es verdad que vuestra apariencia y manera de tratar debe ser blanda? Recordad el carácter de *lady* Cutts. De Tito, el emperador romano, se dijo: "Jamás salió alguno disgustado de su presencia." Pero de *lady* Cutts puede decirse que jamás se presentó alguno disgustado ante ella, tan seguros eataban todos de la amable y favorable recepción que ella les daría.

Guardaos de tentar a otros a separarse de vosotros. No ofendáis si lo podéis evitar; procurad que vuestra vida práctica esté en conformidad con vuestra profesión de fe, adornando la doctrina de Dios nuestro Salvador. Tened mucho cuidado al hablar de vosotros mismos. No neguéis la obra que Dios ha hecho en vosotros, sino hablad de ella, cuando el caso lo requiera, de la manera más inofensiva posible. Evitad el usar palabras altisonantes; no necesitáis realmente darle ningún nombre específico tales como *perfección, santificación, segunda bendición*. Mejor, hablad de la obra hecha por Dios en vuestro favor. Podéis decir así: "En tal tiempo sentí un cambio, el cual no puedo expresar. Desde entonces no he sentido orgullo, obstinación, ira, ni incredulidad, sólo la plenitud del amor hacia Dios y a la humanidad." Podéis también contestar con modestia y sencillez a cualquier otra pregunta sencilla que se os haga.

Y si alguno de vosotros por desgracia dejáis de ser algún día lo que sois, si sentís nuevamente el orgullo, la incredulidad, o mal genio del cual sois ahora librados, no lo neguéis, ni lo disfracéis, poniendo así en peligro vuestras almas. En todo caso buscad a alguien en quien podáis confiar, y exponedle cuanto sentís. Dios le ayudará a hablar palabras en tiempo oportuno que serán para salud de vuestra alma. Y seguramente levantará otra vez vuestra cabeza, y hará que se regocijen los huesos que han sido rotos.

38. *Pregunta* — ¿Cuál es el último consejo que les daría usted?

Respuesta — Sed ejemplos en todas las cosas, especialmente en cosas exteriores (como el vestir), en cosas pequeñas, en la administración de vuestro dinero (evitando gastos innecesarios), en profunda y firme sobriedad, y en la solidez y provecho de toda vuestra conversación. Así seréis como lámparas alumbrando un lugar oscuro, y creceréis diariamente en gracia, hasta que ". . . os será otorgada amplia y generosa entrada en el reino eterno de nuestro Señor y Salvador Jesucristo" (2 Pedro 1:11).

Reflexiones

La mayor parte de los consejos anteriores están cimentados sólidamente en las reflexiones que siguen, las cuales, después de las Sagradas Escrituras, recomiendo a vuestra profunda y frecuente consideración.

Dios, Fuente Infinita de Bendiciones

1. El mar es una excelente figura de la plenitud de
Dios y también del bendito Espíritu Santo. Porque así como las aguas de todos los ríos vuelven al mar, así los cuerpos, las almas, y las buenas obras de los justos, vuelven a
Dios, para vivir allí en su eterno reposo.

Aunque todas las gracias de Dios dependen meramente de su bondad, sin embargo El generalmente se complace
en otorgárnoslas juntamente con las oraciones, instrucciones y santidad de aquellos con quienes tratamos. Por
poderosas, aunque invisibles fuerzas, El atrae a algunas almas por medio de su contacto con otros.

Las simpatías obtenidas por la gracia superan a las
obtenidas por el instinto natural.

La vida de los verdaderos devotos muestra que las pa-
siones pueden brotar tanto de un verdadero amor como de
un falso amor; son ellos muy sensibles al bien o al mal de
aquellos a quienes aman en el amor de Dios. Pero esta sen-
sibilidad sólo la tienen aquellos que comprenden el lenguaje del amor.

El interior de nuestra alma puede estar en reposo,
mientras exteriormente estemos atribulados; del mismo
modo el fondo del mar puede estar en calma mientras
su superficie está fuertemente agitada.

Las Aflicciones

2. Paradójicamente, los mejores medios para el crecimiento en la gracia son el mal trato, los insultos y las pér-
didas que sufrimos. Debemos recibirlos con todo agradecimiento y en preferencia a todos los otros medios, aun

cuando no hubiera otra razón que la de no tener nuestra voluntad parte en ello.

La manera más fácil de escapar de nuestros sufrimientos es estar dispuestos a que continúen todo el tiempo que a Dios le plazca.

Si sufrimos persecución o aflicción en un buen espíritu, alcanzaremos un nivel más alto de conformidad con Cristo del que pudiéramos alcanzar imitando su misericordia por medio de las buenas obras.

Una de las evidencias más grandes del amor de Dios para quienes le aman, es afligirlos y darles juntamente gracia suficiente para aguantar.

Aun en las más grandes aflicciones, debemos testificar a Dios que al recibirlas de su mano sentimos gozo en medio del dolor, por ser afligidos por Aquel quien nos ama, y a quien nosotros amamos.

El medio más frecuente que Dios emplea para atraerse a un hombre es afligirle en lo que éste ama más, y hacer que esta aflicción resulte de alguna buena obra hecha con toda sinceridad, porque nada puede mostrarle mejor la vanidad de lo más hermoso y deseable de esta tierra.

La Resignación

3. La verdadera resignación consiste en un completo sometimiento a toda la voluntad de Dios, quien hace y ordena todo lo que se lleva a cabo en este mundo (menos el pecado). Para lograrla sólo nos toca aceptar todos los acontecimientos, ya sean buenos o malos, como su voluntad.

En las aflicciones más grandes que pueden sobrevenir al justo, sea que vengan del cielo o de la tierra, él permanece inmóvil en su paz, y tiene una perfecta sumisión a

Dios por una íntima y amante reverencia a El, la cual unifica las fuerzas de su alma.

Debemos sufrir con mansedumbre todo lo que nos acontezca, soportar las debilidades de otros y las nuestras, confesarlas a Dios en oración secreta, aun con gemidos indecibles, y nunca pronunciar palabras cortantes o enojosas, ni murmurar o quejarnos.

Estad perfectamente dispuestos a que Dios os trate de la manera que le plazca. Nosotros somos sus corderos, y por lo tanto debemos estar listos para sufrir, aun hasta la muerte, sin quejarnos.

Debemos soportar aquellas debilidades que no podemos enmendar, y conformarnos con ofrecerlas a Dios. Esta es la verdadera resignación. Y ya que El llevó nuestras flaquezas, bien podemos nosotros llevar las flaquezas los unos de los otros por amor a El.

El abandonarlo todo a fin de buscar y seguir en los pasos de Jesús a Belén donde nació, y seguirle despojado de todo a la sala donde fue azotado, y luego al Calvario donde murió sobre la cruz, es una merced tan grande que ni el privilegio de así seguirle, ni el conocimiento de esto es dado a alguno, sino por la fe en el Hijo de Dios.

La Paciencia y la Humildad

4. No hay amor de Dios sin paciencia, y no hay paciencia sin humildad y dulzura de espíritu.

La humildad y la paciencia son las pruebas más seguras del aumento de amor cristiano.

Sólo la humildad une la paciencia con el amor, sin la cual es imposible sacar provecho de los sufrimientos, o evitar nuestras quejas, especialmente cuando pensamos que no hemos dado ocasión para que los hombres nos hagan sufrir.

La verdadera humildad es una especie de aniquilamiento de sí mismo, y esto es el centro de todas las virtudes.

Un alma que busca a Dios debe estar atenta a todo cuanto se le diga en cuanto a su salvación con el deseo de aprovecharse de ello.

De los pecados perdonados por Dios no permitáis que ninguno de ellos vuelva a ocupar vuestro corazón. En él no debe haber otra cosa que una profunda humildad, y una disciplina estricta en nuestras palabras, acciones y sufrimientos.

La Mansedumbre

5. El soportar a los hombres, y sufrir con mansedumbre y en silencio, es el resumen de la vida cristiana.

Nuestro primer deber es amar a Dios por sobre todo; el segundo es sobrellevar los defectos de los otros. Y debemos empezar a practicar esto en nuestro propio hogar.

Debemos ejercitar nuestro amor especialmente con aquellos quienes difieren más de nuestra manera de pensar, de nuestro temperamento, de nuestros conocimientos, o del deseo que tenemos por nuestra propia santidad y la de otros.

La Oración

6. Ni aun a los que Dios ha establecido en gracia les da su Espíritu si no le piden en oración, no una vez, sino muchas veces.

Cada vez que se presenta un espíritu de inquietud debemos retirarnos a orar para así dar lugar a la gracia divina y recibir más luz de Dios. Entonces podemos formar nuestras decisiones sin cuidarnos del éxito que éstas puedan tener.

El mandato de Dios de "orar sin cesar" está fundado sobre la necesidad que tenemos de su gracia para preservar la vida eterna que Dios da al alma, la cual no puede subsistir un momento sin su gracia así como el cuerpo no puede subsistir sin aire.

Sea que pensemos en Dios, hablemos con El, actuemos o suframos por El, todo es una oración si no hay otro motivo que su amor y el deseo de agradarle.

Todo lo que un cristiano hace, hasta comer y dormir, es una oración, cuando es hecho en sencillez de corazón conforme a la voluntad de Dios.

La oración continúa en el deseo del corazón aun cuando el entendimiento esté empleado en cosas exteriores.

El deseo de agradar a Dios es, para el alma llena de amor, una oración continua.

Como el odio furioso que nos tiene el diablo es llamado el *rugir de un león,* así nuestro vehemente amor puede ser llamado *clamando por Dios.*

¡Cuidado con las Cosas Pequeñas!

7. Es casi inconcebible lo angosto del camino por el cual Dios guía a los que le siguen; cuánto debemos depender de El, a fin de que no le faltemos en nuestra fidelidad.

Parece increíble la gran importancia que tienen las cosas pequeñas delante de Dios; y cuán grandes y amargas consecuencias tienen aun las que aparecen como faltas pequeñas.

Como un poco de polvo puede entorpecer el buen funcionamiento de un reloj, y un granito de arena fatigar nuestra vista, así la más mínima semilla de pecado en el corazón puede impedir nuestro libre movimiento hacia Dios.

Debemos portarnos en la iglesia como los santos se portan en el cielo, y actuar en la casa como el cristiano más fiel actúa en la iglesia, desempeñando las faenas hogareñas como oramos en la iglesia, adorando a Dios desde lo más íntimo de nuestro corazón.

Debemos luchar continuamente por desechar todas las cosas inútiles que nos rodean. Dios generalmente quita las superfluidades de nuestras almas en la misma medida que nosotros las desechamos de nuestros cuerpos.

El mejor medio de resistir al diablo es destruir cualquier cosa mundanal que permanezca en nosotros, con el fin de levantar sobre sus ruinas, para la gloria de Dios, un edificio de amor. Entonces empezaríamos en esta vida fugaz a amar a Dios como le amaremos en la eternidad.

Con dificultad nos damos cuenta de lo fácil que es defraudar a Dios, compartiendo con otros el amor que le debemos a El hasta que la muerte nos separa de ellos. Si esta pérdida nos causa eterno pesar, es una prueba evidente de que teníamos dos tesoros entre los cuales repartíamos nuestro amor.

La Vigilancia Cristiana

8. Si después de haber renunciado a todo, no velamos sin cesar y no suplicamos a Dios que El nos guarde también, nos veremos nuevamente enredados y vencidos.

Así como los vientos más peligrosos pueden entrar por pequeñas hendiduras y dejar sentir su influencia, de la misma manera el diablo entra por medio de pequeños e inadvertidos incidentes que aparentemente carecen de importancia, pero que conducen al corazón a peligrosas tentaciones.

Es provechoso examinar minuciosamente el estado de nuestras almas, como si nunca antes lo hubiéramos hecho, porque nada conduce mejor a la plena seguridad de nuestra fe, que el mantenernos por este medio en humildad, y en el ejercicio de toda buena obra.

A la incesante vigilancia y oración debe añadirse la ocupación continua. Así como los vacíos se llenan en el mundo físico, de igual manera en la vida espiritual el diablo llena lo que Dios no ocupa; y sabemos que la gracia de Dios no pude permanecer en un corazón ocioso.

No hay fidelidad como aquella que debe haber entre un guía de almas y la persona dirigida por él. Deben continuamente considerarse el uno al otro en Dios, y examinarse cuidadosamente para averiguar si todos sus pensamientos son puros, y todas sus palabras dirigidas con discreción cristiana. Otros asuntos son solamente cosas de hombre, pero aquellos son peculiarmente las cosas de Dios.

Las Buenas Obras

9. Las palabras de San Pablo: ". . . nadie puede llamar a Jesús Señor, sino por el Espíritu Santo", nos revelan la necesidad de la dirección divina en nuestras buenas obras y aun en nuestros más simples pensamientos, pues sabemos que Dios sólo se agrada de lo que El hace en nosotros y con nosotros. De ahí se desprende que no podemos servirle a menos que usemos nuestra lengua, manos y corazón para hacer por su Espíritu lo que El quiere que hagamos.

Si no fuéramos totalmente impotentes, podríamos considerar nuestras buenas obras como propias; pero la realidad es otra; ellas, pues, proceden de Dios por su gracia, y en consecuencia le pertenecen. El toma nuestras obras y las santifica, glorificándose a Sí mismo en nosotros por medio de ellas.

Una de las principales reglas de la religión es no perder ninguna oportunidad para servir a Dios. Puesto que El es Espíritu debemos servirle, amando y ayudando a nuestro prójimo, lo cual El recibe como si le fuera hecho a Sí mismo.

Dios no ama a los inconstantes, ni las buenas obras intermitentes. Sólo aquello que es semejante a su inmutabilidad le agrada.

El cuidado constante de la obra que Dios nos ha confiado es una señal de sólida piedad.

El amor nos incita a practicar el ayuno cuando podamos y siempre que podamos, si con ello no se perjudica la salud. El amor nos lleva a obedecer todas las ordenanzas de Dios, y hace que nos ocupemos en ejecutar toda obra de caridad de que somos capaces. Puede decirse que, cual Elías, vuela sobre la llanura para encontrarse con Dios en su santo monte.

Dios es tan grande que imparte grandeza al más pequeño servicio hecho en su nombre.

Felices aquellos que sufren o que pierden sus vidas por haber hecho una obra buena para glorificar a Dios.

Dios frecuentemente oculta la parte que tienen sus hijos en la conversión de otras almas. Sin embargo, uno puede decir, sin temor a equivocarse, que la persona que gime delante de El por la conversión de otro es una de las principales causas de dicha conversión cuando quiera que esa alma se convierta a Dios.

La caridad no puede ser practicada como se debe a menos que la ejercitemos en el momento en que Dios nos dé la oportunidad, y luego, nos retiremos para ofrecer aquella obra a Dios en humilde acción de gracias. Y debemos hacer esto por tres razones: primero, para ofrecerle lo que hemos recibido de El; segundo, para evitar la peligrosa tentación del orgullo que nace de la misma bondad de la obra; tercero, para unir nuestro ser a Dios, en quien el alma se derrama en oración, juntamente con toda la gracia recibida y las buenas obras que hemos hecho, a fin de recibir de El nuevas fuerzas contra los malos efectos que estas mismas obras pueden producir en nosotros, si no hacemos uso de los antídotos que Dios ha provisto contra ellos. La manera de ser llenos de nuevo de su gracia es vaciarnos de nuestros propios méritos; pues llenos de ellos somos inclinados a abandonar la práctica de las buenas obras.

Las buenas obras no son perfeccionadas hasta que ellas se pierden en Dios. Esto de perderse en Dios es una clase de muerte para ellas muy semejante a la nuestra. No alcanzarán su inmortalidad hasta que se pierdan en la gloria de Dios. Y es solamente lo que ellas tienen de terreno y mortal lo que pierden por esta muerte espiritual.

El fuego es el símbolo del amor, y el amor de Dios es el principio y fin de todas nuestras buenas obras. Pero como las verdades eternas sobrepujan a lo figurado, así el fuego del amor divino sobrepuja al fuego físico que puede volver a su punto de origen, y llevar con él todas las buenas obras que produce. Y de esta manera impide que ellas sean contaminadas por el orgullo, vanidad o cualquiera otra mezcla funesta. Pero esto no sucede a menos que dichas obras mueran espiritualmente en Dios por medio de una profunda gratitud, la cual sumerge el alma en Dios como en un abismo con todo lo que ella es, juntamente con toda la gracia, y sus obras por las cuales le es deudor; una gratitud que hace que el alma se vacíe de todas sus obras, para que éstas vuelvan a su Fuente de origen, así como los ríos gustosamente se vacían con todas sus aguas en el mar.

Cuando hayamos recibido algún favor de Dios, debemos retirarnos, si no a nuestra cámara secreta, sí en nuestros corazones, y decir: "Vengo, Señor, a devolverte lo que me has dado; lo renuncio libremente para entrar otra vez en mi vacuidad. ¿Qué es en tu presencia la criatura más perfecta del cielo o de la tierra, sino un vacío capaz de ser lleno de ti y por ti, como el aire, que oscuro y vacío, puede ser lleno de la luz del sol? Concédeme, oh Señor, que nunca me apropie de tu gracia para mí mismo más de lo que el aire se apropia de la luz del Sol, puesto que carece del poder de retenerla o resistirla y el Sol se la retira cada día para restaurársela al siguiente. ¡Dadme, Señor, la misma facilidad de recibir y devolverte tu gracia y tus buenas obras! Digo tuyas, pues reconozco que la fuente de donde ellas brotan está en ti, y no en mí."

Síntesis de la Perfección Cristiana

¶ 26. En el año 1764 después de un repaso de todo el tema, escribí el resumen de mis observaciones en cortas proposiciones como siguen:

1. Existe la perfección cristiana, porque es mencionada vez tras vez en las Escrituras.

2. No se recibe tan pronto como la justificación, por-

que los justificados deben seguir adelante a la perfección (Hebreos 6:1).

3. Se recibe antes de la muerte, porque San Pablo habló de hombres quienes eran perfectos en esta vida (Filipenses 3:15).

4. No es absoluta. La perfección absoluta pertenece, no a hombres ni a ángeles, sino sólo a Dios.

5. No hace al hombre infalible; ninguno es infalible mientras permanezca en este mundo.

6. ¿Es sin pecado? No vale la pena discutir sobre un término o palabra. Es "salvación del pecado".

7. Es amor perfecto (1 Juan 4:18). Esta es su esencia; sus propiedades o frutos inseparables son: estar siempre gozosos, orar sin cesar, y dar gracias en todo (1 Tesalonicenses 5:16).

8. Ayuda al crecimiento. El que goza de la perfección cristiana no se encuentra en un estado que no pueda desarrollarse. Por el contrario, puede crecer en gracia más rápidamente que antes.

9. Puede perderse. El que goza de la perfección cristiana puede, sin embargo, errar, y también perderla, de lo cual tenemos unos casos. Pero no estábamos completamente convencidos de esto hasta cinco o seis años ha.

10. Es siempre precedida y seguida por una obra gradual.

11. Algunos preguntan: "¿Es en sí instantánea o no? Al examinar esto vayamos punto por punto."

Ninguno familiarizado con la religión en la vida diaria puede negar que se ha operado un cambio instantáneo en algunos creyentes. Desde aquel cambio, gozan de perfecto amor. Sienten amor y sólo sienten amor; están siempre gozosos, oran sin cesar y dan gracias en todo. Esto es todo lo que quiero decir con *perfección cristiana;* por lo tanto, éstos dan testimonio de la perfección que yo predico.

"Pero en algunos este cambio no fue instantáneo. No se dieron cuenta del instante en que se efectuó." A menudo es difícil percibir el momento en que un hombre muere, sin embargo hay un instante en que cesa la vida. De la misma manera si cesa el pecado, debe haber un último momento de su existencia, y un primer momento de nuestra liberación del pecado.

Alguien dirá, "Pero si tienen este amor ahora, pueden perderlo". Es posible, pero no están obligados a perderlo. Ya sea que lo pierdan o no, lo tienen en la actualidad; experimentan lo que enseñamos. Son al presente todo amor; gozan, oran y dan gracias sin cesar.

"Sin embargo, el pecado sólo está suspendido en ellos; no está destruido." Llamadlo como os plazca; son todo amor hoy; y no se apuran por el día de mañana.

"Pero esta doctrina ha sido muy falseada." Igualmente la doctrina de la justificación por la fe ha sido desfigurada. Pero esa no es una razón para abandonar esta u otra doctrina bíblica. Uno ha dicho: "Cuando bañáis a vuestro hijo, botad el agua pero no botéis al niño."

"Pero aquellos que piensan que son salvos del pecado dicen que no tienen necesidad de los méritos de Cristo." Es todo lo contrario. Su lenguaje es: "Cada momento requiero los méritos de tu muerte, Señor." Nunca antes habían tenido tan profunda e indecible convicción de la necesidad de Cristo en todos sus oficios como la tienen ahora.

Por lo tanto, todos nuestros predicadores deben tener como regla el predicar constantemente la perfección cristiana a los creyentes, de manera persuasiva y explícita; y todos los creyentes deben fijarse en ella y buscarla anhelantemente.

Conclusión

¶ **27.** He hecho ya lo que me propuse hacer. He dado un relato sencillo y claro de la doctrina de la perfección cristiana, el sentido en que la recibí, recibo, y enseño hasta hoy. He declarado en todas sus partes lo que quiero decir con esta expresión bíblica. He bosquejado a grandes rasgos el cuadro de ella, sin disfraz o engaño. Nótese que esta es la doctrina de Jesucristo. Estas son palabras suyas y no mías: "Sed, pues, vosotros perfectos, como vuestro Padre que está en los cielos es perfecto" (Mateo 5:48).

Ahora pregunto a cualquier persona imparcial, ¿qué hay de terrible en ella?

¿Por qué todas esas diatribas, que por más de veinte años se oyen por todo el reino, como si el cristianismo hubiese sido destruido y toda religión desarraigada?

¿A qué se debe que el mismo nombre de *perfección cristiana* haya sido borrado del vocabulario de los cristianos y odiado aun como si encerrara la herejía más perniciosa? ¿Por qué los predicadores de ella han sido tratados como perros atacados de hidrofobia, aun por hombres que temen a Dios y también por los hijos de éstos siendo algunos de ellos hijos espirituales de los predicadores perseguidos? ¿Qué razón hay para esto? Sana razón no hay ninguna. Imposible es que la haya, pero fingiendo sí la hay en abundancia. Hay verdadera razón para afirmar que algunos de los que nos tratan así lo hacen solamente con el pretexto de justificar su manera de proceder desde el principio hasta el fin. Querían y buscaban ocasión contra mí, y en esto encontraron lo que buscaban. "¡Esta es la doctrina del señor Wesley! ¡El predica la perfección!" A esto contesto: Sí, la predica, pero esa doctrina no es más de él que de otro cualquiera que sea un ministro de Jesucristo. Porque esta es la doctrina distintiva del Señor, positivamente de El. ¿Quién ha dicho que no podéis ser perfectos antes de que el alma se separe del cuerpo?

Es la doctrina de San Pablo, de Santiago, de San Pedro, de San Juan; y no sólo del señor Wesley sino de todo aquel que predica el evangelio en su pureza e integridad. Os diré tan claro como me sea posible hablar dónde y cuándo encontré esta doctrina. La encontré en los oráculos de Dios, el Antiguo y el Nuevo Testamento, cuando los leí sin ninguna otra mira que la de la salvación de mi alma. Pero de quienquiera que sea la doctrina, suplico que se me diga: ¿qué hay en ella de malo?

Examinadla detenidamente como queráis. En un sentido es pureza de intención, dedicación de toda la vida a Dios. Es darle a Dios todo nuestro corazón, es decir, el permitir que El gobierne nuestra vida. Es, además, dedicar no sólo una parte, sino toda nuestra alma, cuerpo y bienes a Dios. Bajo otro punto de vista, es tener toda la mente que hubo en Cristo, que nos capacita para andar como El anduvo. Es la circuncisión del corazón de toda inmundicia, tanto interior como exterior. Es una renovación del corazón a la completa imagen de Dios, a la completa semejanza de Aquel que nos crió. Por otra parte es amar a Dios con todo nuestro corazón, y a nuestro prójimo como a nosotros mismos. Ahora estudiadla considerando cualquiera de estos puntos (porque no hay diferencia material), puesto que esta es la perfección cristiana que yo he creído y enseñado por los últimos cuarenta años, desde el año 1725 hasta el 1765.

¶ **28.** Ahora, presentada la perfección cristiana en su sencillez, ¿habrá quién se atreva a decir que no es correcto amar a Dios de todo nuestro corazón y a nuestro prójimo como a nosotros mismos, o bien en contra de una renovación del corazón, no sólo en parte, sino en toda la imagen de Dios? ¿Quién se atreverá a expresarse en contra de ser limpio de toda inmundicia tanto del cuerpo como del espíritu; o en contra de tener toda la mente que hubo en Cristo, y andar en todas las cosas como El anduvo? ¿Qué hombre que se llame cristiano tiene el valor de oponerse a la consagración, no de una parte, sino de toda nuestra alma como también de nuestro cuerpo y bienes a Dios? ¿Qué hombre serio puede oponerse a que se dé todo el corazón a Dios, y que un solo fin gobierne nuestra vida? Repito, presentada la perfección cristiana tal como es, ¿quién se enfrentaría contra ella? Para poder oponérsele hay que falsearla. Hay que disfrazarla cubriéndola con piel de oso, pues dejándola en su pura nitidez aun los hombres más bárbaros se cuidarían de condenarla.

Pero no importa lo que hagan éstos, que los hijos de Dios se guarden de seguir peleando contra la imagen de Dios implantada en el corazón del hombre. Que se guarden, los que son miembros de Cristo, de decir algo contra el tener toda la mente que hubo en Cristo. Lejos esté de los que viven en Dios el oponerse a la dedicación de toda la vida a El. ¿Por qué vosotros que tenéis su amor derramado en vuestros corazones os resistís a la entrega completa del corazón al Señor? ¿No clama lo más íntimo de vuestro ser diciendo que aún no ama a Dios lo suficiente, el que más le ama? Da pena pensar que quienes desean complacerle tengan otros fines y deseos; pero causa muchísima más pena que algunos vean, como fatal error, o consideren como una abominación a Dios, el tener este único deseo gobernando la vida.

¿Por qué deben tener temor hombres devotos de dedicar su alma, cuerpo y bienes a Dios? ¿Por qué quienes profesan amar a Cristo consideran como error condenable el hecho de que tengamos toda la mente que hubo en El?

Admitimos y enseñamos que somos *libremente justificados* por la justicia y sangre de Cristo. Y, ¿por qué os encendéis contra nosotros cuando decimos que esperamos de igual manera ser *santificados plenamente* por su Espíritu? No buscamos favor o apoyo de los que son abiertamente siervos del pecado, ni de los que son simplemente religiosos. Pero vosotros, quienes servís a Dios en espíritu, quienes estáis circuncidados con la "circuncisión no hecha de manos", ¿cuánto tiempo más durará vuestra oposición contra los que buscan una completa *circuncisión del corazón*, quienes tienen sed de ser limpios de *"toda inmundicia de carne y de espíritu"* y de *perfeccionar "la santidad en el temor de Dios"*?

¿Somos vuestros enemigos porque buscamos completa liberación de esa *mente carnal que es enemistad contra Dios*? No, somos vuestros hermanos, vuestros colaboradores en la viña de nuestro Señor, vuestros compañeros en el reino y la paciencia de Jesús. Aunque confesamos esto (si somos necios por ello, sobrellevadnos como a necios), nuestro propósito es amar a Dios con todo nuestro corazón y a nuestro prójimo como a nosotros mismos. En verdad, creemos firmemente que El limpiará de tal manera en este mundo los pensamientos de nuestros corazones por la inspiración de su Santo Espíritu, que le amaremos perfectamente, y ensalzaremos dignamente su santo nombre. ■

ÍNDICE